社長の言葉は
なぜ届かないのか?

竹村俊助
株式会社WORDS代表取締役

What stops a CEO's words from reaching everyone?
Shunsuke Takemura

SOGO HOREI PUBLISHING CO., LTD

あなたの会社は、どちらでしょうか？

A　「社長の言葉」が届いている会社

B　「社長の言葉」が届いていない会社

生き残る会社は、どちらでしょうか?

はじめに

社長の言葉が届かなくなった瞬間、会社は死に始める

経営者の言葉が届かなくなった瞬間、会社は緩やかに死に始めます。

言葉が届かない。思いが届かない。

すると、**一見うまく回っているように見える会社であっても、エネルギーが次第に失われていき、「死」に向かい始める**のです。

会社にとって言葉は血液です。人体は、血が届かなくなったところから死に始めます。同じように、会社も言葉が届かなくなった部分から死に始めるのではないか。大袈裟かもしれませんが、そう思うのです。

経営者の言葉が社員に届かなければ、社員は何のために働いているのかがわからなくなり、離れていきます。経営者の言葉が採用候補者に届かなければ、「なぜその会社で働くべきなのか」を理解してもらえないので他の会社に行ってしまいます。経営者の言葉が投資家や株主に届かなければ、お金も集まりません。もしくは株価やリターンしか見ない人

ばかりが集まるので不安定になるでしょう。

どれだけいいものを作っても、いいサービスを提供しても、どれだけいい人が集まっていても、そこに言葉がなければ、いずれパワーを失っていきます。いわばコミュニケーションの血行不良が会社を不健康にしていくのです。

僕が経営者の隣で「編集者」をしている理由

はじめまして。株式会社ＷＯＲＤＳ代表の竹村俊助と申します。

僕はもともと出版社でビジネス書の編集者をしていました。ただ40歳を前に自分で出版社をやってみたいと思い、独立。その後は資金を集めるため、書籍や雑誌のライティングや編集の仕事をしていました。

そんななか、ある経営者から「新しいプラットフォームのサービスをローンチするから、その裏側にある思いをまとめてほしい」という依頼が舞い込みました。僕は本を作っていたときと同じように、情報を集め、取材をし、読みやすくまとめ、コンテンツにしてリリースしました。効果は予想以上でした。その記事は何十万というページビューを獲得し、多くの人に読まれたのです。さらにはウェブ版の「Forbes」にも転載され、それがタクシー広告としても流れました。

その経営者には喜んでいただけましたし、読者も面白いコンテンツが読めてうれしかったはずです。**いいコンテンツを作れば、それがエンターテインメントとしても機能するうえに、結果的に広告やPRとしても機能する。**これ以降、いろんな経営者から「言語化、コンテンツ化のお手伝いをしてほしい」と言われるようになりました。僕は経営者の隣に「顧問」としての編集者がいるといいんじゃないかと思うようになり、「顧問編集者」という仕事をメインで行うようになったのです。

経営者の言葉は360度に効果がある

顧問編集者の仕事はこうです。

週に一回、経営者に1時間ほど「どうやってこの会社はできたのですか？」「いま何を考えているんですか？」などと取材をし、それをわかりやすく面白くコンテンツにまとめて、X（旧Twitter）やブログサービスのnoteで発信する。

やることはシンプルですが、この「経営者の言葉をきちんと届ける」ことの効果は絶大でした。

たとえば、あるコンサルティング会社では、経営者が積極的に発信するようになってから、サービスの認知が広がっただけでなく、少し怪しい印象だったものが信頼を得るようになりました。ひいてはそこから書籍も生まれ、ベストセラーになりました。あるスタートアップ企業では、社員にビジョンが浸透しないことにお困りだったのですが、社外に発信することで結果的に社内の人が読んでくれ、インナーのモチベーションがアップしました。あるマーケティング会社ではリファラルの採用がほぼ100%となり、一人あたりの採用コストがグッと下がったそうです。さらには、グローバルに展開しているスタートアップ企業では、有力なベンチャーキャピタリストに思いが届いて、ビジネスが前に進んだという話も聞きました。

経営者の言葉が届くと、360度に効果がある。僕はそう確信するようになりました。

本書はそんな僕がこの5年間、顧問編集者として活動する中で身につけてきた知見を余すことなくお伝えするものです。

社長の言葉はなぜ、届かないのか？

あらためて、社長の言葉はなぜ届かないのでしょうか？

原因は3つあります。

1つめは**「そもそも届ける気がないから」**です。

会社の発信は広報や外部のメディアがやればよくて、経営者は経営をすることに注力すべきだ。そう思っているケースは多くあります。これまでは届けなくてもうまくいっていたのかもしれませんが、今は経営者自身が前に出るフェーズだと僕は思っています。そのことについては1章、2章で詳しくお伝えします。

2つめは、辛辣ですが**「つまらないから」**です。

経営者の言葉を伝えることは大切だとわかってはいるけれど、いざ発信しても読んでもらえない。スルーされてしまう、というのがこのケースです。本来、経営者の言葉には魅力があるはずです。パワーがあるはずです。それなのに、各方面に気を遣ったり、「企業っぽい」発信をしてしまったりすることで届かないものになってしまうのです。

情報が溢れている現代において、ただ無味乾燥な情報を流すだけでは見てもらえません。ある程度面白い「コンテンツ」にする必要があります。では、コンテンツとは何か？　どう作ればいいのか？　そこについては3〜6章で丁寧に解説していきます。

さらに言えば「自分は文章が書ける」「自分の言葉は届いているはずだ」と思っている方も意外とたくさんいらっしゃいます。しかし**本当に届いているケースはごく一部**です。もしｎｏｔｅなどで記事を書いても「スキ」が数個しか付かなかったり、Xのフォロワーが3桁ほどしかいなかったりしたら、本書を読んでいただく価値はあると思います。

3つめは**「届け方が不適切だから」**です。

今はメディアが無数にあります。テレビ、新聞、ラジオなどの「マス」と呼ばれていたメディアから、インターネット上にはXやYouTube、LinkedInやｎｏｔｅなどあらゆるメディアがある。それをうまく使いこなしながら、適切な人に届けていく必要があります。どういうツールでどういう伝え方をすればいいのか？　それについては最後の7章でお伝えしたいと思います。

大企業こそ、経営者の言葉が必要

僕が特に問題だと思っているのは、大企業です。大企業こそ経営者の発信をするべきだし、経営者の発信が大きな影響力を及ぼすと思っています。

今の日本の大企業は**「誰が何をしたいのか」が見えにくくなっている**ように思います。昔であれば、創業者のやりたいことが明確で、それを叶えるために社員が増えていき、会社が自然と膨らんでいきました。しかし今は、図体だけ大きいけれど、誰が何をやりたいのかがわからない。どういう未来を描きたくてビジネスをやっているのかが見えにくい。

おそらく熱い思いはあるはずなのです。でも、それが届いていない。ホームページに掲げられているような杓子定規的な「パーパス」では届かないのです。

「経営者が発信することはリスクだ」という意見もときどき耳にします。たしかに不適切な言動をしたり、表には出せないような人柄だったりしたら、リスクなのかもしれません。しかし「発信しないリスク」もあることを忘れてはいけません。**過度にリスクを恐れて、何も発信しなければ、冒頭に述べたように会社はゆっくりと死に近づいていくだけです。**

それはすでにブランド力のある大企業であっても例外ではありません。

世界がもっと面白くなりますように

偉そうに語っていますが、僕は経営の専門家ではありません。難しいことはわかりません。ただこの5年間、実際に30人以上の経営者の隣で編集者として仕事をしてきて、いろんなことが見えてきたことは事実です。その景色を共有したいと思っています。

『ストーリーとしての競争戦略』（東洋経済新報社）の著者としても知られる一橋ビジネススクール教授の楠木建さんには本書のゲラを読んでいただき**「言葉の力は経営力の中枢にある」**というコメントをいただきました。まさに言葉は「経営の中枢」にあるもの。言葉の力を磨くことで、経営が根本から変わっていくと信じています。

経営者が発信することが当たり前になってほしい。そして、あらゆる企業が元気になってほしい。経営者の言葉を届けるというのは、とてもシンプルなことですが、営業、広報、採用、ブランディング、インナーコミュニケーションなどあらゆる方面に影響がある、最もレバレッジの効く施策だと思っています。

経営者の言葉が届いている会社には、覇気があります。
経営者の言葉が染み渡っている会社は、イキイキとしています。
経営者の言葉が採用候補者に届けば、御社に合った人が引き寄せられます。
経営者の言葉が投資家や株主に届けば、ビジョンに共感した人が投資してくれます。
そうやって出来上がった商品やサービスは、消費者をファンに変えていくでしょう。

経営者の言葉が末端まで届いて、世界がもっと面白くなりますように——。

そんな願いを込めて、この本を贈ります。

著者からのお願い

本書の目的は「経営者の言葉がより届くようになること」です。そのためにも多くの人に本書の存在や中身を知っていただきたいと思っています。よって著者としては、ページの写真を撮るなどして広めていただくことを歓迎します（もちろん購入済みのものに限ります!）。ぜひ書名を明記の上、ＳＮＳなどでシェアしてもらえるとうれしいです。

第1章　なぜ今、経営者自身が発信すべきなのか？

第2章 「経営者の言葉」がもたらす計り知れない効果

第3章 企業の発信は、なぜつまらないのか？

第4章 企業のためのコンテンツ制作入門

第5章 コンテンツ作りは「取材」が9割

第6章 面白いコンテンツは誰でも作れる

第7章 「noteとX」が最強の組み合わせ

おわりに

巻末付録

ブックデザイン：三森健太（JUNGLE）
イラスト：木村勉
DTP・図表：横内俊彦
校正：篠原亜紀子
編集協力：梶塚美帆（ミアキス）
編集：市川純矢

第1章

なぜ今、経営者自身が発信すべきなのか？

経営者が「個人」として発信する意味

「会社が主語」のコミュニケーションでは届かない

これまでは、経営者が発信に心を砕く必要などなかったのかもしれません。

何かを宣伝したければ広告代理店に頼んで各メディアに情報を流せばよかったですし、人を採用したいなら募集要項を公開して応募を待っていればよかった。経営者が計画を立てれば、あとは上意下達で組織やチームが動いてくれた。きちんと利益さえ上げていれば、投資家たちも集まってきたはずです。

しかし、時代は変わりました。マスメディアを通じた企業のコミュニケーションがうまく機能しなくなってきたのです。そもそもテレビや新聞を見る人が減りました。ただ広告を垂れ流すだけでは効果がないどころか、逆に嫌われてしまいます。

採用やマネジメントも一筋縄ではいきません。待遇や福利厚生を手厚くするだけでは、会社に利益をもたらす人材は集められない。魅力的なビジョンを欠いている組織やリーダーからは、どんどん人が離れていきます。投資家たちの意思決定にも、業績の見通しだけでなく「経営者の思い」や「企業が実現しようとする未来像」が大きく反映されるようになってきています。

これまでのようなマスメディアで「会社を主語にした発信」では届かない。「○○社はこんな商品を作りました」「△△社は人材を募集しています」「□□商事のパーパスはこれです」といったような、会社を主語にしたコミュニケーションではうまくいかなくなっているのです。

時代の転換期、すべての企業は「創業期」である

では、何が必要なのか？　答えは、経営者が前に出ることだと僕は考えます。

「経営者が前に出るなんて！　創業期でもあるまいし……」と思われる方もいらっしゃるかもしれません。しかし僕はあえてこう言い切りたいのです。

時代の変革期において、すべての企業は「創業期」である、と。

今、世界は転換期を迎えています。特にＡＩの技術革新などにより、どの会社も変化を強いられています。次の時代に生き残るためには、どんなに長い歴史を持った企業であっても「創業期」だと思って経営に臨む必要がある。戦後、ソニーの井深大やパナソニックの松下幸之助が「こっちに行くぞ！」と呼びかけたように、孫正義がみかん箱の上で社員に「世界を変えるぞ」と演説したように、経営者が創業期のつもりで「この会社はどこに行くのか」を社内外に伝えるフェーズにあるのです。

経営者を船長にたとえるなら、今、会社という船は先が見えない真っ暗な海を進んでいます。ステークホルダーの誰しもがどっちに行けばいいかわからず迷っている。指針がなければ、船は行き先を見失い遭難してしまいます。そんな中**「あっちに島があるから、舵をこっちに切るよ！」と指し示すことで、会社は力強く前に進んでいけます。**

時代の変化に敏感な経営者たちは、もうそのことに気づいています。

「トヨタイムズ」の登場は象徴的な出来事でした。テレビＣＭに豊田章男会長ら経営者が自ら出演して、言葉を届けようとしています。パナソニックコネクトやセブンイレブンの経営者も自らＣＭに出ていますし、ユニクロの柳井氏や楽天の三木谷氏らも会社の陰に隠れるのではなく、積極的に自分の言葉で届けようとしています。「ビズリーチ」のCMに経営者本人が出るようになったことも時代の変化を感じさせます。

いまの日本企業に必要なのは「腹落ち」である

経営学者の入山章栄氏は『世界標準の経営理論』(ダイヤモンド社)のなかで「現在の日本の大手・中堅企業に最も欠けており、最も必要なのがセンスメイキングである」と述べています。

センスメイキングとは何か？　入山氏はわかりやすく「腹落ち」であると表現します。**先行き不透明な時代において組織が力強く前に進んでいくために必要なのは、社員を含めた組織全体の「腹落ち」であるということ**というのです。

このセンスメイキング理論を提唱しているのが、世界的な組織心理学者であるカール・ワイク氏です。彼の論文にはこんな印象的なエピソードが出てきます。

ある時、ハンガリー軍の偵察部隊がアルプス山脈の雪山で、猛吹雪に見舞われ遭難した。彼らは吹雪の中でなす術なく、テントの中で死の恐怖におののいていた。その時偶然にも、隊員の一人がポケットから地図を見つけた。彼らは地図を見て落ち着きを取り戻し、「これで帰れるはずだ」と下山を決意する。

彼らはテントを飛び出し、猛吹雪の中、地図を手におおまかの方向を見極めながら進んだ。そしてついに、無事に雪山を下りることに成功したのだ。しかし、そこで戻ってきた隊員が握りしめていた地図を取り上げた上官は、驚いた。彼らの見ていた地図はアルプス山脈の地図ではなく、ピレネー山脈の地図だったのである。


ここで重要なのは「地図が正しかったかどうか」ではありません。**「握りしめた地図を全員が信じることができた」**という部分です。実際、その地図は違う山のものだったのですが、地図があったことで全員の「腹落ち」が完了した。つまり「これで下山できる！　助かるぞ！」というストーリーをセンスメイクできたのです。それによって前に進むことができ、結果的に一命をとりとめることができました。

先の見えない今、未来を作り出すために必要なのはこの地図です。地図によって「うまくいくのだ」と思えるようなストーリーです。「これを信じよう！」とみんなが思えるようなストーリーを語ることが経営者には求められています。入山氏はこう述べています。

「優れた経営者・リーダーは、組織・周囲のステークホルダーのセンスメイキングを高めれば、周囲を巻き込んで、客観的に見れば起きえないような事態を、社会現象として起こせる」ということだ。まさに、「未来をつくり出す」のである。

そのために必要なのは、**多義的な世界で、未来へのストーリーを語り、周囲をセンスメイクさせ、足並みを揃え、環境に働きかけて、まずは行動すること**だ。これこそが、さらに多義的になるこれからの世界で、リーダーに求められることなのだ。

「経営者自身がメディアになる」ということ

これまで企業はメディアと連携しながら言葉を届けてきました。しかしそれが効果を失った今、何をすべきか？　それは「経営者自身がメディアになる」ということです。経営者がメディアを使う、ではなく、経営者自身がメディアになる。その効果は計り知れないものがあります。

言うまでもなく、**経営者は事業にまつわるあらゆる営みのど真ん中にいます**。PR、IR、採用広報、社内を含め、会社のあらゆるコミュニケーションの中心にいる。つまり、企業の中で最もレバレッジの効く存在なのです。

企業はざっくり言えば、3つの市場に面していると言えます。

労働や採用などの「ヒト」市場、商品やサービスを売買する「モノ」市場、資本や投資といった「カネ」市場です。経営者自身がメディアとなり、自ら発信すれば、すべての市場に影響を与えられます。広報や事業部長などの社員ももちろん会社の中にいますが、ど真ん中にいるのはあくまでも経営者。経営者が発信するからこそ、360度に影響を与えることができるのです。

以前、経営コンサルティング会社のコーポレイトディレクション代表である小川達大さんに「会社とは何か？」について講義をしていただいたことがあります。小川さんはこうおっしゃっていました。

「どんな会社も最初は一人の人間から始まっている。いま、どんなに大きな会社に成長し

会社が面している3つの市場

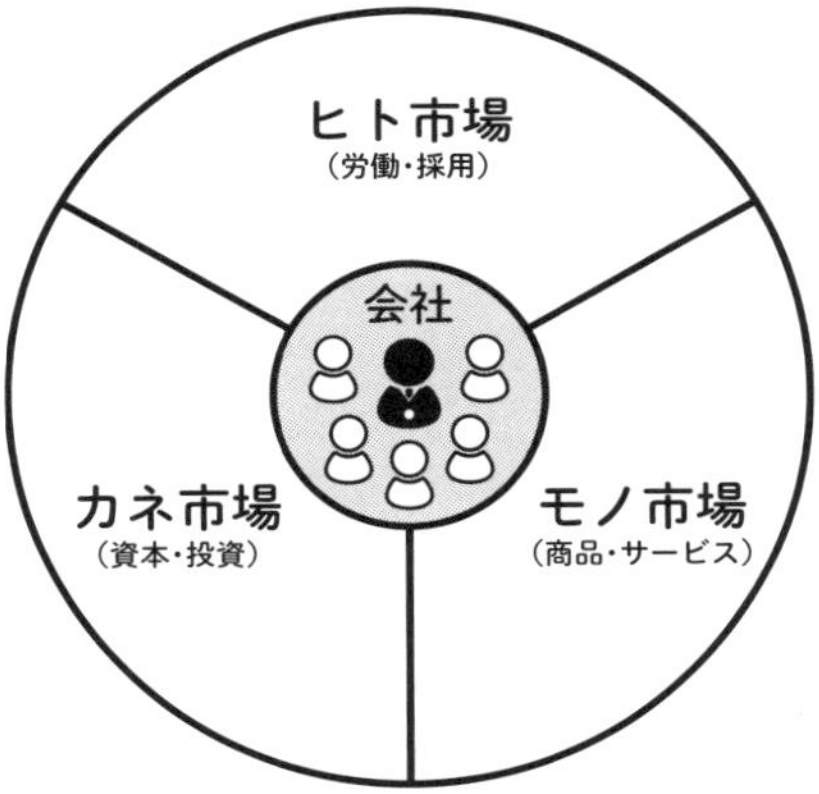

中心にいる経営者が発信することで360度に影響がある

ていたとしても、創業時は誰か一人の『これをやるんだ！』という強い思いがあって起業したはず。それに共感した従業員やお客さんが集まってきて、徐々に会社は大きくなってきた。つまり、**経営とは『経営者を中心に共感する人の輪を広げていく』行為ではないか**」。

企業が「共感の輪」を広げていくことができたら「商品・サービスを買いたい！」「一緒に働きたい！」「出資したい！」と思ってくれる人はどんどん増えていきます。そのためにもまずは、経営者がその円の中心で言葉を発し続けなければいけないのです。

「個人の言葉」だから共感できる

経営者という「個人」が言葉を発することに大きな意味があるのです。**人は個人だからこそ「体温」や「人となり」を感じます**。それが共感を生むのです。個人の声が届きやすいというのは人間の性質によるものでしょう。

たとえば、豊田章男会長の言葉とトヨタ自動車の広報の言葉。もし両者が同じことを言っていたとしたら、前者のほうが注目されるのではないでしょうか？　広報の言葉は、裏では個人が発信していたとしても、見え方は企業という「概念」からの発信に見えます。一方、豊田章男会長の言葉は、一人の人間が発したものとして受け取られる。その言葉には体重が乗り、多くの人はそこに覚悟や責任を感じます。

広報が公式に発信することの意味は依然として大きいものがあります。ただ一方で、**経営者が個人として発信することの意味も日に日に増しているのです**。

経営者はなぜ「ＳＮＳ」をやるべきなのか

コーポレートサイトではダメなのか

総務省によれば、世界のＳＮＳ利用者は２０２２年に約46億人。２０２８年には約60億人まで増加すると予測されています。日本の場合は、２０２２年の1億２００万人から２０２７年には1億１３００万人に増加すると予測されています。

経営者自身がメディアになる。それを叶えるのが、このＳＮＳです。

具体的には、**ＸやLinkedIn、ｎｏｔｅなどのツールをうまく活用して経営者自らがメディアになる**。それこそが、現代における効果的な企業のコミュニケーションです。

「インターネットの発信ならコーポレートサイトで十分だろう」と思う方もいるかもしれません。「代表メッセージもきちんと載せてあるぞ」と。ただ、コーポレートサイトは会社の「玄関」としては機能するものの、検索してもらわない限り見られることはありません。コーポレートサイトは「受け身のメディア」なのです。

一方、ＳＮＳは「攻めのメディア」と言えます。ＳＮＳでの投稿はフォローしてくれた人を含めた不特定多数の人に届けることができます。ただ待っているだけではなく、こちらから働きかけることができる。多くの人の生活の中に「自社を知ってもらう時間」を作ることができます。

本当に伝えたいことが伝えられる

自ら「攻めのメディア」を持っておくことのメリットは多くあります。

ひとつは自ら情報をコントロールできるということです。

テレビ、新聞、雑誌など外部のメディアの力を借りるとどうしても「メディア側の意図」が入ってきます。**こちらが伝えたいことではない部分が切り取られ、誤解につながる**こともあります。それがＸやｎｏｔｅなどのメディアを駆使すれば、企業自ら情報をコントロールできます。自分たちの考えを丁寧に伝えることができるようになり、ブランディングもうまくいくでしょう。

広告記事やタイアップ記事はどうでしょうか？　たしかに多額のお金を払えば企業側の意図を持って外部のメディアに出ることはできます。ただそのコストは馬鹿になりませんし、自社の資産にもなっていきません。その点、企業がメディアを持っていればお金がかからない上に、長い目で見ても自社の資産になっていきます。**コストの面でも、自社の資産という意味でも大きなメリットがある**のです。

SNSの発信はリスクか？

「SNSでの発信はリスクだ」とおっしゃる方も多くいます。

下手に動くと目をつけられるのではないか？　発信したらいつか「炎上」して、大変なことになるのではないか？　そう思う気持ちもわかります。

ただ僕からすると、それはただの思い込みです。冷静に考えてみると、**発信自体がリスクになることは限りなくゼロに近い**のです。

例えば最近炎上したニュースにはどんなものがあるでしょうか？　会社の不正、経営者絡みのスキャンダル、お客さんとのトラブル……日々SNSを眺めていると「炎上案件」が流れてきます。それでは、そのうちのいくつが「経営者の発信」「会社の発信」が発端となったものでしょうか？

かつて某中古車販売の会社が「炎上」したことがありましたが、その発端は会社の発信とはまったく関係がありませんでした。事実として経営に問題があり、それが明るみに出ただけです。世の中にはいろんな炎上案件がありますが、そのほとんどは炎上に値するような事実が発端です。「発信そのもの」が炎上の火種になることはほぼない。**発信ではなく事実が炎上しているだけ**です。炎上するかどうかは「SNSをやっていたかどうか」とはほぼ関係ないのです。

自分の言葉で語れば、炎上すらプラスになる

「発信はリスクだ」と思い込んでいる人は「発信しないことのリスク」を見落としがちです。**発信しないことにもリスクがある**ことを忘れてはいけません。

不正をしていた中古車販売会社のニュースを見て、多くの人が真っ先に「怖い会社だな」

「あんまり利用したくないな」とネガティブな感情を抱いたと思います。ではもし、その会社がＳＮＳのアカウントを持っていて、つねにお客さんと良好なコミュニケーションを取っていたらどうだったでしょうか？　会社の理念を語っているのを見たことがあったり、インターネット上で社長の人格が伝わっていたりしたら……おそらく印象が変わるはずです。「あの社長がそんな指示を出すかな？」と考えて、すぐにネガティブな感情が湧くことはなかったかもしれません。発信をしていないと、世の中の自社に対する印象は「０」なので、何か少しでも問題が起きるとすぐにネガティブに振れてしまうのです。

発信をしていないというのは「丸腰」の状態です。何か問題が起きても対抗する武器を持っていないのと同じ。普段からＳＮＳなどでコミュニケーションを取っていれば、仮に何か炎上したときであっても、余計な「延焼」を防げます。発信をせずに会社や経営者の人格がまったく知られていない状態。それはむしろ、リスクなのです。

逆に、うまくコミュニケーションができれば炎上すらプラスに持っていけます。

２０２３年にスープストックトーキョーが、離乳食の無料提供を開始しました。それを発表した際、ＳＮＳでは批判の声が殺到しました。「そんなことをしたら親子連れが押し寄せて地獄絵図になるんじゃないか？」「依怙贔屓だ」「もう絶対に行かない」などなど。

このような炎上が起きると、会社は無味乾燥な「謝罪文」を出したり、口をつぐんでしまったりします。でも、このときの同社の対応は違いました。こんな発信をしたのです。

私たちは、お客様を年齢や性別、お子さま連れかどうかで区別をし、ある特定のお客様だけを優遇するような考えはありません。私たちは、私たちのスープやサービスに価値を見出していただけるすべての方々の体温をあげていきたいと心から願っています。皆さまからのご意見を受け止めつつ、これからも変わらずひとりひとりのお客様を大切にしていきます。

この発信はSNSを通じて広まり、多くの人に称賛されました。批判していた人の多くも納得する形となったのです。何よりも**スープストックトーキョーの理念がきちんと伝わり、かえってブランドが磨かれました**。それはすでに同社のブランドが出来上がっていたこともあると思いますが、炎上したときであっても、自分たちの言葉できちんと発信したからでしょう。

経営者自身の発信は信頼につながる

2021年、あるECサイトがSNSで話題になりました。

そのサイトには、建設予定の別荘の完成予想図と「今すぐ購入」のボタンがありました。別荘の金額は8億円。アマゾンで買い物をするときと同じように、8億円の別荘をカートに入れる。そのこと自体が話題を呼び、バズっていたのです。ただ、その時点では「少し怪しいな……」「ほんとに建つのかな？」と思っていた人も多かったでしょう。

実はこれ、「NOT A HOTEL」というスタートアップ企業が展開するサービスです。NOT A HOTELのビジネスモデルを簡単にお伝えすると、別荘のパースをCGで作って先に購入者を募り、費用が集まったら実際に建て始めるというもの。

創業者の濵渦伸次さんは、アラタナというEコマースの会社を立ち上げた経営者です。その後、ZOZOの創業者である前澤友作さんに評価され、アラタナはM&AによりZOZOグループ（当時はスタートトゥデイ）に入ります。濵渦さんはZOZOテクノロジーズの取締役を経て、2度目の起業でNOT A HOTELを立ち上げたのです。

この事実を知っていれば「8億円をカートに入れる」と聞くだけよりも、信頼できるのではないでしょうか?「前澤さんに評価された経営者がやってるんだ」「2度目の起業なら信用できそうだな」と思った方も多いはずです。濵渦さんはもともとSNSで活発に発信している経営者でしたが、サイトがバズった当時はNOT A HOTELを作ろうと思ったきっかけや前澤さんとの関係については広く知られていませんでした。

そこで濵渦さんは**起業のきっかけや自身の経歴を改めてまとめ、「僕がNOT A HOTELを始めた本当の理由」というnoteを公開しました。**すると、この記事をきっかけに濵渦さんと同社への理解が広まっていき、「そういう人がやっている事業なら信用できそう」「個人で別荘を買おうと思っていたけれどNOT A HOTELを買ってみようかな」という人が増えていったのです。

事業が素晴らしいこと、プロダクトが最高であることは重要です。一方で、それだけでは「信頼」に到達することは難しい。まったく新しい事業、これまでにない事業であればなおさらです。そういうときこそ経営者個人がきちんと前に出て、経歴や人となりを伝えることが重要になります。**SNSで経営者個人が発信することで、経営者自身の信頼が醸成されていくだけでなく、会社への信頼にもつながっていくのです。**

僕が「NOT A HOTEL」を始めた本当の理由

1,201

Shinji Hamauzu
2021年10月7日 08:46 フォローする

先日、ようやく**「NOT A HOTEL」**をリリースして、少しホッとしているところです。

「NOT A HOTEL」とはなにか？

それは、自宅にも、別荘にも、ときにはホテルにもなる、**まったく新しい暮らしの拠点**です。

僕らが描いているのは**「世界中にあなたの家を」**という世界観。

地球上のあらゆる場所に「NOT A HOTEL」をつくって、**自分の家が世界中にある状態**がつくれたら素敵だな、と思っています。

住宅の「D2C」を実現する

NOT A HOTEL代表、濵渦伸次さんのnote

「ブランディング」とは真実を告げること

ナイキやユニクロのブランディングを手がけたことでも有名な、ジョン・ジェイという世界的なクリエイティブディレクターがいます。

彼は「ブランディングとは真実を告げることである」と語っています。

一般的にブランディングと聞くと、うまいコピーを書いたり、オシャレなデザインのサイトを作ったり、カッコいい映像を作ったりすることを想起しがちです。「よく見せようとすること」がブランディングだと思いがちです。しかしジョン・ジェイ氏は、あくまで「真実を告げること」だと言うのです。彼の作るCMの多くがドキュメンタリータッチなのもそこに由来しているのでしょう。いわゆるファンタジーとして夢を見させるのではなく、真実をそのまま告げる。それこそが「信頼」につながるのです。

特に今はSNSの時代です。**着飾ってウソっぽいものを出してもメッキは簡単にはがれてしまいます**。それよりも経営者がやるべきなのは、より魅力的な真実を生み出すこと。そして、その真実をそのまま発信すること。それこそが最高の「ブランディング」です。

タッチポイントを1つに絞るメリット

ちなみに経営者自身がメディアとなり、発信の主体を「経営者」に絞ることは、受け取る側から見ても理に適っています。

従来の企業の発信は「面」で行いがちでした。コーポレートサイトや広報による発信、オウンドメディアや外部メディアを通した発信など、発信を強化しようとすればするほど、企業は発信する人数や情報量を増やそうとします。しかし問題は、消費者側にそれだけの情報を受け取る体制がなくなっていることです。**スマホやブラウザの向こう側の人たちは、XやFacebookを眺めたり、NetflixやYouTube、TikTokを見たりするのに大忙しです。**そんななか御社の情報を受け取ってもらえるというのは幻想に近いのです。

そこで**企業と受け取る側の人たちとの接点を「たった一点」にすること**が有効なのです。少なくとも発信の初期フェーズでは「経営者を消費者との唯一のタッチポイントに絞る」ことは理に適っています。まず突破口を作るのが先。会社として「面」で発信していくのはその後でも遅くありません。

企業と普通の人では見えている景色が違う

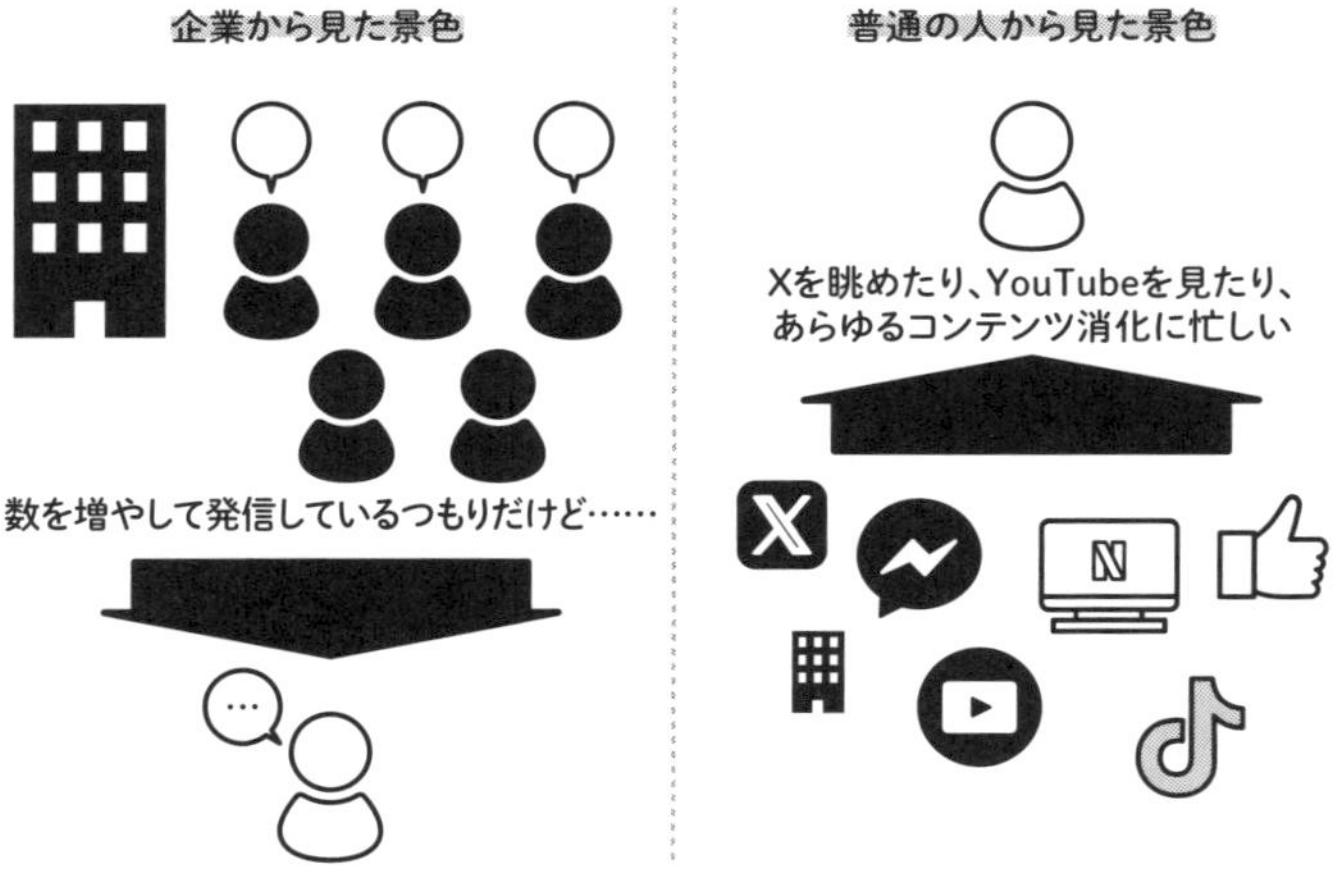
企業から見た景色
数を増やして発信しているつもりだけど……
…
普通の人から見た景色
Xを眺めたり、YouTubeを見たり、
あらゆるコンテンツ消化に忙しい

そこで、企業と普通の人との接点を1つに絞ると……

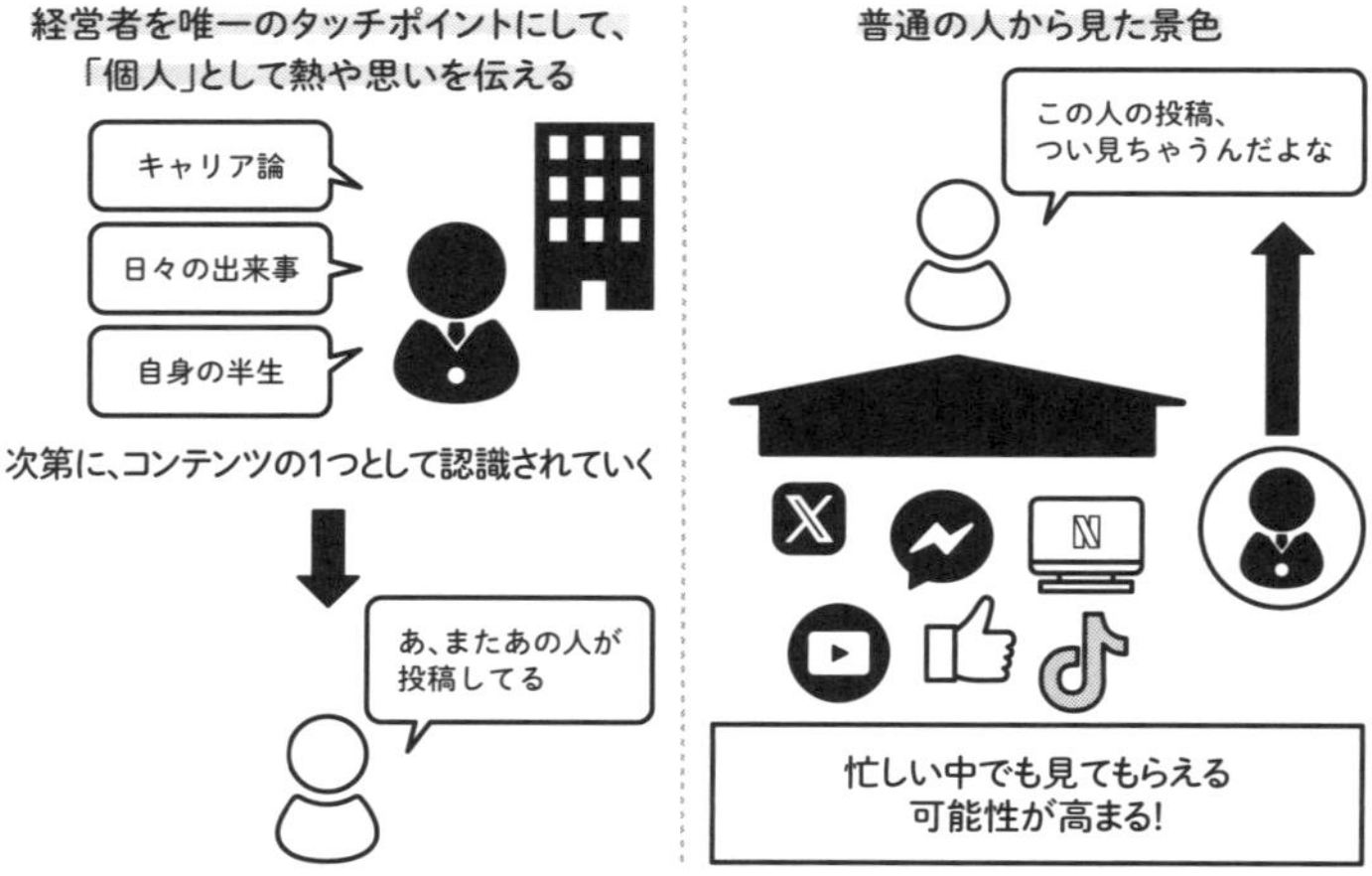
経営者を唯一のタッチポイントにして、
「個人」として熱や思いを伝える
キャリア論
日々の出来事
自身の半生
次第に、コンテンツの1つとして認識されていく
あ、またあの人が
投稿してる
普通の人から見た景色
この人の投稿、
つい見ちゃうんだよな
忙しい中でも見てもらえる
可能性が高まる!

ビジョナリー・カンパニーと経営者の言葉

「言語化」は経営そのもの

発信に躊躇している経営者でも、その前の段階である「言語化」に関しては、その重要性に異論はないはずです。ビジョンを定め、経営の方針を提示し、日々の決断を下していく。その際に自らの思考を言語化しないことには会社は進んでいきません。そう考えれば、言語化はむしろ「経営そのもの」です。

僕が言いたいのは、言語化を強化するためにも発信をしたほうがいいのではないか、ということです。もちろん言語化をするだけでも価値はありますが、発信というゴールがあるからこそ、言語化の量と質が上がっていくというのは往々にしてあります。「インプットをするためにはアウトプットの機会を作るといい」というのはよく聞く話。**発信という**

機会があるからこそ、良質な言語化ができるのです。

経営者の脳は最強の「事業開発室」

自分の考えを言語化しているうちに「ああ、だから私はこの事業をやりたいんだな」と再確認したり「僕は会社をこうしていきたいんだな」と気づいたりする瞬間があります。**心の中のモヤモヤしている思いに「輪郭」を与え、より明確にしていくことで、思わぬ収穫があるのです。**

ときにはそれが新規事業を生み出すきっかけになる経営者もいます。言語化する過程でふと新しいアイデアが浮かんでくることがある。外から見れば、ただのXやｎｏｔｅでの発信に見えるかもしれません。しかし、自分の考えを整理してまとめて発信するというのは「事業開発」にもつながる大切な行為。発信におけるプロセスとその効果・価値というのは思った以上に大きいのです。その意味で、経営者の脳は最強の「事業開発室」と言えるのかもしれません。その開発室が最大限稼働できるように刺激を与えてあげる。それは会社にとっても重要だと思うのです。

「言葉」に人とお金が集まる時代

しかも今は、言葉のパワーがかつてないほど高まっています。先が見えない時代ほど、「言葉」に対して人とお金が集まってきます。

Uberという会社はご存じでしょう。アメリカに本社を置く、配車プラットフォームやフードデリバリーサービスなどを提供する会社です。創業者であるトラビス・カラニックは「これからは移動したいときにすぐ車が呼べるようになる! タクシーはなくなって、世界中がUberだらけの時代になる!」などとアピールすることで1兆円近い資金調達に成功しました。これは創業者および、それに共感した経営陣や社員の「言葉」を信じて、共感した人が多かったからこそ起きたことです。

先が見えない時代においては「世界はこうなっていく!」という未来を指し示した人、そしてその未来に対して共感を集めた人のところにお金と人は集まっていきます。そして、発信の主体は経営者がベストです。今こそ経営者が前に出て「未来はこっちだ!」と社内外に示してほしいのです。

「会社の発信」を考えたとき、カッコいい動画を作ったり、派手なイベントをやったりする経営者は多くいます。キャンペーンをやったり、町に看板を出したりする経営者も多い。でもまずは自分が考えていることをきちっと「言語化」すること。そして、それを伝わるように「発信」することです。ブランディングも、ＰＲも、営業も、採用も、ＩＲも、そこがないことには骨抜きになってしまいます。

経営者の言語化と発信は最優先事項なのです。

ビジョナリー・カンパニーへの道は「経営者の言葉」から

時代を超えて残り続けている企業の共通点とはなにか？　それを長年にわたる地道な調査によって解き明かしたのが『ビジョナリー・カンパニー』です。

同書はマッキンゼー出身のジェームズ・Ｃ・コリンズらによって書かれた、言わずと知れた名著であり、Ｐ＆Ｇやソニー、アメリカン・エキスプレス、ＩＢＭなど、時代を超えて業績を上げ続けている「ビジョナリー・カンパニー」と、そうではない企業の違いがまとめられています。

意外なことに「ビジョナリー・カンパニーを生み出すために、カリスマ的な指導者は必要ない」と同書では結論づけています。やるべきことは、まず**「基本理念」を明文化すること**。そしてそれを組織全体に浸透させること。さらには**理念を「進化」させていくこと**で時代の変化に対応していくことが重要だと言います。

ソニーの創業者の１人、井深大氏は会社の基本理念である「設立趣意書」を作りました。その一部がこちらです。

一、真面目なる技術者の技能を、最高度に発揮せしむべき自由闊達にして愉快なる理想工場の建設

一、日本再建、文化向上に対する技術面、生産面よりの活発なる活動

一、戦時中、各方面に非常に進歩したる技術の国民生活内への即時応用

驚くべきは、このビジョンが**資金繰りもままならない創立後1年ほどの時点で作られたもの**であるということです。社員7名、貯金19万円からのスタート。今となっては誰もが知る巨大で素晴らしい会社になったソニーも、創業当初は炊飯器や和菓子、粗雑な電気座

布団などあらゆるものを作って必死に食いつないでいました。そんななか「技術者が力を発揮できるような自由で愉快な工場を作ろう」「日本の再建、文化の向上に寄与しよう」と高らかに宣言したのです。

もしこの「設立趣意書」がなければ、今頃は「電気座布団の会社」もしくは「ラジオの会社」になっていたかもしれません。もしくは、存在していなかった可能性もあります。創業期にまず基本理念を掲げたことで、ソニーは「ある特定の製品を作る会社」ではなく、理念を追求するビジョナリー・カンパニーに進化することができたのです。

『ビジョナリー・カンパニー』で印象的なのが**「永続する偉大な企業を作りたいなら、時を告げるのではなく時計を作りなさい」**という教えです。経営者自らがカリスマとなって、その都度指示を出すことは「時を告げる」行為でしょう。一方で、会社の理念、パーパス、会社の存在意義を言葉にして残すことは「時計を作る」行為です。

ビジョナリー・カンパニーを生み出すうえでも、まずは経営者の思考を言語化して「時計を作る」ことは必須だと言えるのです。

第2章

「経営者の言葉」がもたらす計り知れない効果

経営者の発信、5つのメリット

経営者が発信し始めると具体的にどんなことが起こるのでしょうか？

この章では、この5年間、経営者をサポートする中で見えてきた「発信のメリット」を改めてお伝えします。すでにその重要性について理解している方はこの章は読み飛ばしていただいて構いません。

結論から先にお伝えすると、主に次の5つです。

◎知名度が上がる
◎会社のファンができていく
◎採用の量と質が上がる
◎社内のモチベーションが上がる
◎投資家・株主に届く

ひとつずつ説明していきます。

知名度が上がる

「知られる」というのは、あらゆる企業活動におけるスタート地点です。知らなければ、その会社の商品を買うこともできませんし、採用に応募することもできません。株を買うこともできません。選択肢にすら入らない。当たり前ですが、まず知られるというのは、あらゆる活動のベースとなります。

名前が知られているだけでもいいのです。**まったく知らない企業のサービスと「名前は聞いたことがある」「ネットで見たことがある」企業のサービスがあって、どちらも中身が同じだとしたら後者が選ばれる**のではないでしょうか。

かつては「自社を知ってほしい」と思ったら、大きな自社ビルを建てたり、駅前に看板を掲げたり、メディアに露出したりする必要があったかもしれません。

でも、今はSNSがあります。オンラインで知られていればいい。逆に言えば、どんなにいい会社でも、どんなにいい事業をやっていたとしても、ネット上に情報がなければ

「存在しない」のと同じになってしまうような時代なのです。

現代において、多くの「初対面」はオンラインであることがほとんどです。

思い返してみると、あらゆるニュースや、新商品、新サービス……これらの情報をインターネット、特にSNSで得ていることに気づきます。有名人の結婚をXで知る、新しいコンビニ商品の存在をFacebookで知るなど、人も、モノも、サービスも「新しいものごととの出会いはSNS」というケースは爆増しています。であれば、企業が知名度を上げる上でSNSを使うことは必須とすら言えます。

ちなみに「SNS疲れ」という言葉も出てきましたが、結局人類はSNSから離れることはできないと僕は考えます。人間の脳にとって都合がいいからです。

脳というのは、人体が使う1日のエネルギーの5分の1ほどを使います。体重比ではわずか2%程度にもかかわらず、膨大なエネルギーを消費する。だから、脳はなるべく「休憩したい」のです。**SNSというのは、そんな「省エネ」の脳にはうってつけ**です。養老孟司さんはスマホに依存してしまう理由について「指を動かしているだけで、ラクだから」と説明しています。

知られるためには「人」が前に出ることがいちばん

会社の発信であっても、まず「人」が前に出ることです。

ＳＮＳの世界では、人間はより人間らしく振る舞います。人間の特性がもろに出る。人は人に感情を抱く生きものです。人は人に興味を持ちます。よって「企業を知ってほしい」という場合でも、まずは「人」である経営者が前に出ることが有効なのです。

経営者の知名度が上がったからといって、すぐに会社の売り上げや業績が上がるわけではありません。それでも「知られる」ことはビジネスに好影響があります。**情報の海のなかでひときわ強い光を発する。それだけで競合他社と差別化することができる**からです。

また、ＳＮＳからの「波及効果」も期待できます。Ｘの発信やｎｏｔｅの記事が話題になると、ほかのＷＥＢメディアから取材が来たり、ラジオやテレビへの出演が決まったりもします。出版の依頼が来ることもある。さまざまな媒体に露出する機会を得られればさらに幅広く、人に知られていくでしょう。

お客さんというより「ファン」が増えていく

「好き」という感情は最強

経営者が発信を続けていくと、その会社や商品の「ファン」が生まれていきます。お客さんというよりも「ファン」です。

今の日本のビジネスでは、高機能の製品、気の利いたサービスなど「品質が高い」というのは当たり前になっています。そのような中で選ばれる存在になるには「その会社が好き」とか「この会社を応援したい」という気持ちを持ってもらう必要があります。

そのときに効果的なのが「経営者の言葉」です。**経営者が自分の言葉で生の声を発信していると、消費者・ユーザーは自然とその熱を受け取って、「いいね」「好きかも」という感情を抱くようになります。**この「好き」という感情は最強です。「好き」を獲得できれば、機能や品質、デザインを超えて、その会社を選んでくれるようになります。魅力的な発信を続けられれば「もうその会社じゃないとダメ」「やっぱりこの会社のサービスがいい」といったコアなファンになってくれるはずです。

「安ければ買う」というのが「お客さん」です。一方、「ファン」であれば高くても買います。高くても買う理由は「好きだから」です。

ＳＮＳのない時代にファンを作るのは難しいことでした。買う瞬間だけお付き合いする「お客さん止まり」になりがちだったのです。でも今は、直接経営者の言葉を届けることができます。ＳＮＳやｎｏｔｅなどで企業の雰囲気や経営者の人格を継続的に伝えていく。するとだんだん「お客さん」から「ファン」に近づいていきます。買う瞬間だけでなく、その後も**継続的に、それこそ親戚のようにコミュニケーションを取ることができる**ので、「お客さん」以上の感情が生まれていくわけです。

「ファン」が「社員」になる

ファンが増えていくことは、企業活動全体にもいい影響を及ぼします。

「北欧、暮らしの道具店」を運営するクラシコムは、ファンの多い会社です。その**クラシコムの従業員は、9割以上が「元お客さん」**なのだそうです。コアなファンが入社したら、それは事業や会社について深く理解している従業員になります。カルチャーを理解している人がいきなり社員になる。この価値はすごく大きいはずです。

人はさまざまな面を持っています。生活のどこかの場面ではモノを買う「お客さん」であり、働いていたら何かを提供する「従業員」であり、株式で資産運用していたら「投資家」の一面もあります。企業とファンは「企業と消費者」という一面的な関係を超え「企業と採用候補者」「企業と投資家」といった多面的な関係になりうる。企業に共感した人びとはそれぞれの市場を行き来して、企業と関わってくれます。

企業側は、商品市場や人材市場などそれぞれの市場に対して個々にアピールするというよりも、**きちんと「人対人」のコミュニケーションを取り、共感を得て、好きでい続けてもらうコミュニケーションを取る**ことが大切です。企業活動の中心にいる経営者が発信することで、すべての市場にいい影響をもたらします。すると会社はいいスパイラルに入ることができ、サステナブルで健全な経営ができるようになるでしょう。

経営者自身が「売り子」になる世界観

くまモンの生みの親としても有名なクリエイティブディレクターの水野学さんは**「今は江戸時代の商いの作法に戻っている」**とインタビューでおっしゃっています。

SNSが台頭して久しく、何か欲しいものがあったらウェブを検索してランキングを見たり、口コミをチェックしたりすることは今では普通になりました。どこかで広告を見かけたとしても、その情報だけで買う人は少ないと思います。
そんな口コミが主流になった今は、「江戸時代の商いの作法」に戻っているんです。
江戸時代は、商品自体に魅力があることはもちろん、お店の佇まいや商人の所作が美しいことなどが評判に直結していました。

江戸時代の商いはシンプルだったはずです。お店があり、店主がいて、「この海苔安いよ!」「お団子はいかが?」などとお客さんに直接声を掛けていたでしょう。

SNSでは経営者の声を直接届けることができる

それが時代を経るにつれて、お店は大きな会社になり、店主は何百人もの社員を抱える経営者になりました。商品は卸売を通して小売に届くようになり、お客さんとは間接的にやりとりするようになりました。

作り手の声をお客さんに伝えるのも一苦労です。広告代理店やマスコミを通すようになり、その構造はとても複雑になりました。たとえば森永製菓の社長が、お客さんに直接「新しいチョコボールが出たよ〜。買ってね！」と声をかけて、お客さんが「それください！」というやりとりを見かけることはありません。

しかし、ＳＮＳの登場により、それが可能になってきたのです。ＳＮＳの世界では個人と個人が直接つながることができます。経営者からお客さんに直接声を届けることができる。つながることができる。**SNSでのビジネスは「江戸時代の商い2・0」**と言ってもいいのかもしれません。

中国のメーカー「シャオミ」のSNS戦略

SNSをうまく使えば、企業は広告を介することなく商品そのものの魅力を伝えることができます。経営者自身が自社の「売り子」となって**「うちの会社は成長できるよ！」「うちの社風はこんな感じだよ！」と店前に出て伝えることもできます。**

中国のスマホメーカー、シャオミの創業者である雷軍（レイジュン）氏をご存じでしょうか？　彼はSNSを駆使して影響力を広げ、多くのファンを生み出していきました。

2023年の売上高が約5・7兆円と、今や大企業に成長した同社ですが、2010年の創業当時、**彼が力を入れていたのはSNS**でした。中国のSNS「ウェイボ」でシャオミの製品について発信し続け、賞賛や批判が来たら、そのままリツイートしたりコメントを返したりしていました。ファンから寄せられたアイデアのなかで優れたものがあると、それを多くの人に広めたりもしました。優秀なファンをシャオミに入社させたりしたこともあるそうです。

雷軍氏はユーザーをただのユーザーではなく「友だち」と捉えています。どんなに忙しくても、ファンとの交流を優先させます。シャオミのファンを「ビーフン」と呼ぶそうですが、定期的に「ビーフンフェア」という盛大なファンミーティングを開き、直接ファンと交流するだけでなく、プレゼントを贈ったりもするといいます。

つい「経営者自らそんなことまでしなくても」と思ってしまいますが、彼からすれば当たり前のことをやっているだけなのでしょう。シンプルに「商い」として見れば何ら不思議なことではない。むしろ、**ＳＮＳというツールがあるのに直接ユーザーとコミュニケーションを取ろうとすらしないほうがおかしい**ようにも思えてきます。

採用がうまくいく

あまりにも企業の情報がない

山田進太郎D&I財団COOの石倉秀明さんという方がいます。石倉さんはリモートワークや新しい働き方に関する研究室「Alternative Work Lab」の所長でもあり、転職やキャリアについて深い知識をお持ちです。

石倉さんがもともといた会社を辞めたときのこと。転職エージェントを利用して転職活動を行い、スカウトのメールを100通以上受け取ったそうです。そのときの気づきを、Xにポストしていました。その一部を紹介します。

・スカウト来て多少気になったら会社名と社長名はググる

・noteとかSNSなど会社、事業、組織などのことがわからないと話してみようとならない
・残念ながら多くの会社は話してみるかどうかを判断するくらいの情報量がネットに落ちてないので、検討から外れる
・記事があったとしても社員紹介しかないと不足してる感じ
・もっと事業、会社、社長のこと、考え方、価値観など多面的にわからないと判断できない
・そしてこれを満たしてる会社は超少ない
・ほとんどの会社は「話してみようと思ってもらえる」までのスタートラインにすら立ってない

転職エージェントなどからスカウトが来たら、たしかに会社名を検索して調べますし「どんな人が経営してるんだろう?」と思えば社長の名前を検索します。そこで情報があまり出てこないとそもそも「話してみよう」とは思わない。石倉さんの感覚は多くの人の感覚と同じだと思います。僕自身もかつて転職を考えたとき、よくある社員インタビュー

や働き方に関する記事だけでは「この会社に応募してみよう」とはなりませんでした。

では何が必要なのかというと**「その会社が何をしてきて、どういう価値観を持っていて、どんな事業をしていて、どこへ向かおうとしているのか?」という多面的な情報**です。そしてそれを経営者自身が生の声で伝えることができればベストです。

船で例えるなら、船長がどういう人かがわからないのに、その船に乗り込もうと思う人は少ないでしょう。船がどちらに進むのかわからないのに、その船で航海したい人は少ない。特に優秀な人ほどその傾向は強いものです。

経営者からすれば「ホームページにビジョンも理念も書いてある」と思うかもしれません。しかし、前述したように経営者自身の言葉で「この会社は○○を目指している。そのために△△の事業をやっている」と語るべきなのです。それでようやく、応募先の候補に入ります。

高額のオファーは他社もやっています。優秀な人は高額オファーだけではなびきません。ぜひ経営者が何を考えているのかを伝えてください。

嘘のように入社希望者が増えていく

経営者が発信することで**目に見えて効果があるのが「採用」**です。

サイバーエージェントの藤田晋さんが創業当初からブログを書いていたことは有名です。「インターネットの会社なのだから、自社のホームページも面白くしよう」と思って始めただけだったようですが、採用にも大きな効果があったことが『渋谷ではたらく社長の告白』(アメーバブックス)には綴られています。

会社を興した1998年、この年の7月25日から、私は会社のホームページ上で日記を書き始めました。

〈中略〉

後にこの日記は、考えていた以上の効力を発揮することになったのです。

「社長の日記を読みました。ぼくも大企業ではなく、ベンチャーで働くほうが潔いと思ったんです」

「社長の日記を読んで、この会社の将来性を確信しました。私も参加させてください」

「ベンチャーって、楽しそうですね。社内の雰囲気が伝わってきます」

あれほど苦労していたのが嘘のように、サイバーエージェントへの入社希望者が増え始めたのです。


企業発の無機質な情報ではこうはならないでしょう。経営者という個人による「体重の乗ったコンテンツの発信」だからこそ、あらゆる採用候補者に届くのです。

検索で出てくる情報がポジティブになる

発信が積み重なっていくと、それはネット上に「ストック」としても溜まっていきます。それが求職者の目に止まれば、ポジティブな印象を与えることができます。

今や求職者がＳＮＳなどで情報を集めるのは当たり前です。就職活動、転職活動は人生が決まる一大事なので、多くの人が企業のことを調べ尽くします。いざ入社してみて、ブラック企業だったりヤバい経営者だったりして辞めるに辞められなかったら……人生がめちゃくちゃになります。モノを買うときの何百倍もその会社について調べるでしょうし、それだけ企業の発信は見られています。

求職者が会社名や経営者の名前で検索したときに、ズラッと並んだ情報の中に、会社の悪い口コミや変な噂話が出てきたらどうでしょうか？　逆に経営者が熱く語っている記事やこれまでの苦労話が出てきたら、信頼性は高まるはずです。さらにはそこにいいコメントがついていたり、社員がそれを引用して盛り上がっていたりしたら「この会社はビジョンがあって、それに共感した社員が集まってるんだな」ということも伝わります。

情報発信というのは一時的な話ではありません。ポジティブな発信を続けていれば、それはネットの海に資産として溜まっていき、求職者が検索したときにきちんと届けることができるのです。

「カルチャーフィット」した人を獲得できる

スキルフィット、カルチャーフィットという言葉があります。

「スキルフィット」とは、会社が求めるスキルと社員が持つスキルが合っていることです。

「会社の雰囲気には合わないかもしれないけれど、能力が高いから採用しよう」という場合はスキルフィットです。

「カルチャーフィット」とは、社風が合っていたり、会社のことをよく理解していたり、会社の文化に適応していることです。「能力は未知数だけど、いい人だし、会社について理解も深いから採用しよう」という場合はカルチャーフィットです。

即戦力を求める場合はスキルフィットする人材を採用するケースもあると思いますが、中長期的にはカルチャーフィットする人材を重視したほうがうまくいきますし、実際にカルチャーフィットを重視する会社は増えています。

これには時代の影響もあるように思います。

みんなが同じ「モノサシ」の上で競争していた成長社会ならスキルフィットの人だけを集め、それぞれが自分の仕事を粛々とやっていても会社は成長していったのかもしれません。しかし今は「モノサシ自体を選ぶ社会」と言えます。**企業は自社のモノサシを提示して共感する人を集める必要がある**のです。

企業はすでに「選ばれる」側である

前述したコーポレイトディレクション代表取締役の小川達大さんも**「かつての成長社会は決まったモノサシの上で頑張る社会、現在の成熟社会はモノサシ自体を選ぶ社会である」**と仰っています。

高度経済成長期は、安くていいものを大量生産することがよしとされていました。企業も人も、そのモノサシの上で競争していたのです。小川さんも「経済成長している時期というのは基本的にはモノサシは揃いやすい」といいます。

一方で今は、働き方、生き方、モノやサービスの選び方など、あらゆる場面において人それぞれの「モノサシ」があります。「何がうれしいか？」「何を大事にしたいか？」が人によって違う。よって企業の情報発信においても「うちはこういうモノサシで経営しています」と、企業として大事にしていることや、物事を評価する基準を提示する必要がありま す。そうしないと、モノサシがバラバラな現代は、共感する人が集まってくれません。

その会社に共感する人が集まるということは、モノサシそのものが競争優位性になり得るということ。よって**「カルチャーフィット」している人が社内に多いほうが優位であり、競争に強い**のです。

今後、人材獲得競争はどんどん激しくなります。2023年の有効求人倍率は1・31倍と2年連続で上昇しています。2030年には644万人もの人手不足になると予測しているデータもあります。

企業はすでに「選ばれる側」なのです。

大企業だってうかうかしてはいられません。新進気鋭のベンチャー企業なども出てくるなかで、選んでもらわなければいけない。求職者には立派な履歴書の提出を求めるくせに、企業側からは何も発信しないというのはおかしな話です。きちんと会社や経営者の哲学、思い、文化を伝える必要がある。つまり**企業側も「履歴書」を提示しなければ、優秀な人材から選んでもらうことはできない**のです。

リファラル採用が増える

僕がこれまでお手伝いしたクライアントからは、よく「リファラル採用が増えた」と言ってもらえます。リファラル採用とは、社内外の信頼できる人に採用候補者を紹介してもらうことです。

リファラル採用のメリットは、会社に共感してくれる人や会社の文化や価値観に合った人が集まりやすいことです。支援先のマーケティング会社は「X経由の採用がほぼ100％になった」と話していました。代表の方はｎｏｔｅでこれまでの自分の半生を綴ると同時に「これからこうしていきたい！」という熱い思いを日々Xで発信し続けています。すると、彼をフォローして発信を見ていた人が共感してくれるようになり、採用に応募する人が増えたのです。

エージェント経由で採用する場合は、サイトに登録している人の中から会社に合いそうな人を見つけ、一生懸命口説く必要があります。そこまでしても、別の会社に行かれてしまうこともある。しかしリファラルであれば、それらを効率よく進めることができます。

ＳＮＳ経由なら、ＤＭでやり取りをして、すぐに採用することだって可能です。

採用コストが減る

採用コストが減らせることも大きなメリットです。

大手の採用エージェントに頼ると、採用した従業員の年収の何割かを支払う必要があります。採用すればするほど、費用は嵩んでいきます。一方で経営者自身が発信をして直接人を集めることができたら、その分のコストは必要なくなります。

リクルートの調査によると一人あたりの採用コストは年々増えています。２０１９年度の新卒者の採用コストが一人当たり約72万円だったのに対し、２０２０年には約94万円。中途採用者においても、２０１８年が83万円だったのに対し、２０１９年には約１０３万円と増加しています。

採用エージェントにずっとコストを払い続けるか、経営者の発信により自社のブランドを構築しリファラルを強化していくか。どちらを選びますか？　という話なのです。

社内に届く

社外に発信することでいちばん届くのが「社内」

少し前であれば「来年度は売上何十億を目指します！」「新たにこんな事業をやります！」と社内に伝えるだけで、頑張ってもらえました。しかし今は、それを言うだけでは社員はなかなかついてきてくれません。

モノサシを選ぶ時代になっているからこそ、数字だけを掲げても「なぜ自分はこの仕事をやっているのだろう？」「このまま続けていて大丈夫かな？」という迷いが生まれてしまうからです。**数字だけではなく、その裏側の思いも伝える必要がある。そのときに経営者の直接の言葉というのは大きな影響力があります。**経営者自身が考えを発信し続けることで、会社は少しずつ「ひとつ」になっていく。発信することで、社員は迷わなくなり、社内の結束力は高まっていきます。

「そんなことはわかりきっている。私は毎日社員にビジョンを伝えている」。そうおっしゃる経営者の方も多いと思います。日々の思いは社内ブログに綴っているし、毎週の会議で何度も思いを伝えているから大丈夫だ。そんな経営者にお伺いしたいのが「それって、ちゃんと伝わっていますか？」ということです。

実は「社外」に発信することで、いちばん届くのは「社内」なのです。**社内向けの内容であっても、あえて社外に発信することで「まわりまわってインナーコミュニケーションに効く」**というケースは多くあります。

例えば経営者の年頭挨拶があったとして、その内容を覚えている社員はどれだけいるでしょうか？　僕が会社員だったころは社内報がメールに添付されてPDFで送られてきていましたが開いてすらいませんでした。総務の人が頑張って書いてくれていたと思うのですが……開いていないから伝わりません。

でも、もし自分の会社の経営者がSNSをやっていたら見るのではないでしょうか？新聞に経営者のインタビューが載っていたり、自分の会社のnoteがバズっていたりしたら、どうでしょうか？　社内の人がいちばん注目するはずです。社内向けの内容をあえて外部に発信し、まわりまわってインナーコミュニケーションに効くとはこういうことです。自分の父親に家でガミガミと説教されたら聞く耳を持ちませんが、ＰＴＡの総会などで挨拶をして、それが評価されていたらものすごく届く。それに似ています。

中川政七商店の社長である中川淳さんも『ビジョンとともに働くということ』（祥伝社）の中でこう発言されています。


そもそも社長の言うことなんて社内では誰も聞いちゃいないんですよ。社長が朝礼で何かいい話をしたところで、右から左。僕の場合それをどうやって伝えてきたかを振り返って考えてみたら、社外をうまく使っていたんですよね。

たとえば僕がテレビや雑誌などのインタビューを受けて何か喋ったり、著書が出たりすると、みんなちゃんと興味を持ってくれるんです。ふだんから社内で同じ話をしてるのに（笑）。でも、そうやって社外のメディアなどを通して見聞きすると、初めて僕の言葉が腹落ちする。最初の著書を出したときには、いろんな社員から「やっと社長の考えてることが理解できました」と言われました。

〈中略〉

いったん社外に出てから社内に返ってくると、腹落ちしやすい。インナーブランディングは基本的に何度もしつこく言い続けるしかないんですが、もうひとつだけ手段があるとしたら、社外をうまく使うことなんです。

社外での評価は社員の「自信」になる

「識学」という経営コンサルティングの会社があります。

数年前までは、知名度はあるものの少し怪しい印象がありました。ときには「宗教っぽい」「軍隊っぽい」というイメージを持たれることもあったそうです。

そんな中、社長である安藤さんはTwitterやｎｏｔｅでマネジメントに関するコンテンツを発信し始めました。するとフォロワーは劇的に増えていき、ｎｏｔｅにも多くの「スキ」がつくようになりました。「学びになった」「共感した」という声が増えてきたのです。

社長の言葉が社外で認められるようになると、社員のモチベーションも上がりました。

「世の中に役立つ仕事をしているんだ！」「日本を変えるような意義のある仕事をしている

んだ！」という思いが強まり、社員はますます誇りを持って仕事ができるようになったそうです。

まずは社内向けのコンテンツをオープンにして発信してみるのもひとつの手です。

僕自身「顧問編集者に求めるもの」というｎｏｔｅを社外に公開したことがあります。顧問編集者に求めるスキルを「姿勢」「技術」「マネジメント」の項目に分けて箇条書きにしたもので、これを全てクリアできる人は少ないだろうと思うような厳しめの内容です。

このとき、社外に発信することで社内の人がいちばん見るということを体感しました。ｎｏｔｅを公開した数日後、社員が編集者の集まりに行くと、件の記事を読んでいた編集者が何人もいて「あの項目をクリアされているなんて素晴らしいですね！」「厳しいけど編集者に必要なスキルですね！」と声を掛けられてうれしかったと言います。

もし社内向けに配布しただけだったら、その場では読むかもしれませんが「厳しいなぁ」と思われるだけで終わっていたでしょう。外で承認を得たからこそ、納得してもらえた。社員により深く伝えるには、社外の評価を得ることがもっとも効果的なのです。

インナーコミュニケーションを強化したい企業ほど「社外」への発信を強化することをオススメします。

投資家・株主に届く

投資してもらうには、まず「知っている会社」になれ

投資の場面においても「まずは会社を知ってもらう」ことがスタートになります。新ＮＩＳＡ制度も始まり、投資に関心を持つ人はますます増えています。債券や投資信託から始めてみて、個別の株にも挑戦してみようと思った人が、数多ある会社の中からどのように投資先を選ぶのか？　まずは「知っている会社」を見る人がほとんどでしょう。

僕も投資の初心者ですが、個別の株はＪＲ東日本やＡＮＡホールディングスなど、知っている企業ばかりを買っています。あまり知られていない優良株もあるだろうなと思いつつ、手をつけていません。僕のような人は多いはずです。

知名度がある、というのは投資対象としても選択肢に入ることを意味します。日清紡

ホールディングスやニデックなど、名前を覚えてもらうためだけに作られたCMをたまに見かけますが、これらは採用はもちろん、株価にも影響が出ているはずです。どんな会社かはわからないけれど、名前は聞いたことがあるから見てみようかなと思う人は多いでしょう。経営者の発信はテレビCMほどの威力はないかもしれませんが、その波及効果を考えればとても有効です。

投資家は「経営者」を見ている

エンジェル投資家の知り合いは、どの会社に投資するか判断するとき、かならず見るのは「経営者」だといいます。「事業が不振になってもまた復活できそうか？」「メンタルを病んでしまわないか？」といった部分を見るのだそうです。ビジネスモデルや事業内容ももちろん見るのですが、事業は１００のうちひとつしか当たらないくらい難しいこと。よって、**事業よりも経営者のレジリエンス（我慢強さ、辛抱強さ）を見ている**と教えてくれました。

以前、その投資家が投資している会社の経営者に会ったことがあります。その経営者は、まだ20代なのに何十億円もの資金調達に成功していました。「どんな人が来るのだろう」

投資家は「経営者」を見ている

とドキドキして待っていると、Tシャツを着て薄い色のサングラスをかけた兄ちゃんが現れたのです。僕からすると「面白い若者だな！」という感じだったのですが、果たして彼が経営者として成功するかどうかはわかりませんでした。

僕は後日その知り合いの投資家に「なぜこの会社に投資したんですか？」と聞いてみました。すると、「彼って、ふてぶてしくて自信家で、鬱にはならなそうでしょ？　謙虚さは足りないかもしれないけれど、それが起業にとても向いているんですよ。優しい人ほど社員のことを思いすぎてふさぎこみがちで、そういう人に投資するほうが怖いんですよね」と話してくれました。

投資家は「事業をこれからどうしていくか？」「売上はどうか？」といった部分も見るのですが「この経営者はどういう人間か？」をすごく見ている。「この経営者はちゃんとやっていけるのか？」「この人は変なことをしないか？」といったように「人」を見ている。だからこそ、**経営者が情報を出し続けることが「人となり」を伝えるうえでも大切**なのだと思うのです。

以前お手伝いした二次流通マーケットのプラットフォーム事業を手掛ける上場企業の経営者も「僕の発信を投資家が見てくれているんですよ」と話していました。彼はｎｏｔｅで会社の自己紹介となるような社史を公開したのですが、反応があったのはＳＮＳのフォロワーや社内だけではなく投資家からもリアクションがあったそうです。「社員に届けばいいいと思っていたけど、意外に投資家が読んでいるんですよね」と教えてくれました。

グローバル展開しているスタートアップ企業は、経営者の考えをまとめてLinkedInに公開したところ、欧米の大物経営者やシンガポールのＶＣの目に留まり、事業展開がスムーズになったと教えてくれました。そのスタートアップ経営者は**「自分の会社に共感し、理解してくれる投資家をいかに抱えられるかが重要だ」**とつねづねおっしゃっています。

ジェフ・ベゾスの株主あての手紙

投資家にも2つのタイプがいます。ひとつは「安く買って高く売る」だけの投資家です。その人たちは会社に共感しているわけではないので、少しでも株価が下がると売りますし、本当に必要なときには投資してもらえなかったりします。

もうひとつのタイプは会社に共感して投資してくれている人たちです。応援しているから、ちょっとやそっとでは株を売るようなことはありません。安定して経営を続けるためにもこのタイプの投資家を増やすことが大切です。適切に投資してくれる人に出会うためにも、経営者が言葉を届けて共感してくれる人を集めることが重要なのです。

アマゾン創業者のジェフ・ベゾス氏は、1997年の上場以来、毎年株主に向けて手紙を書いています。「長期がすべて」と題された一通目の手紙には、経営者の生の言葉でアマゾンの現状と今後の展望や思いが綴られています。その一部がこちらです。

アマゾン・ドット・コムは1997年、多くの節目を越えました。年度末までに利用者数は150万人を超え、売上は838パーセント増となる1億4780万ドルに達し、競合他社が続々と新規参入し競争が激化する中においても、市場リーダーとしての地位をさらに高めることができました。

ですが、いまはまだインターネットのはじまりの日(Day1)であり、アマゾンにとってもまた、もし私たちが舵取りを間違えなければ、現時点はまだはじまりの日にすぎません。


その後も続くベゾス氏の手紙で何度も強調されるのは「長期で考えること」の重要性です。今はまだ「はじまりの日(Day1)」なのだと言い続け、アマゾンは短期的な利益を犠牲にしてでも長期的な価値の創造を選ぶ、と何度も伝えています。それと同時に、自分たちの意思決定についてロジカルに数字を交えて丁寧に伝えているのです。

株主や投資家は企業にとって重要なステークホルダーであると同時にシビアな存在でもあります。アマゾンの赤字が続いたとしても株主や投資家が離れなかった要因は、説得力ある説明に加え、**経営者自身が言葉を尽くして自らの思いを伝え続けた**からでしょう。

第3章

企業の発信は、なぜつまらないのか？

発信すべきは「情報」ではなく「コンテンツ」

「情報」では届かない

ここまでさんざん「発信が重要だ」と述べてきましたが、企業が発信すべきなのは「情報」ではありません。「コンテンツ」です。なぜコンテンツを発信する必要があるのか？　そんな話からこの章を始めたいと思います。

今は情報過多な時代です。これまでは情報自体が希少で価値があったため、情報を流すだけでも見てもらうことができました。しかし今は、誰もが発信できるようになり、世界には玉石混交の情報が溢れるようになりました。**ただの情報では見向きもされませんし、もし見聞きしてもスルーされることがほとんどです**。だから、コンテンツにする必要があるのです。

では、コンテンツとはそもそも何なのでしょうか？

ここ数年でコンテンツという言葉をひんぱんに耳にするようになりましたが、きちんと説明できる人は多くありません。辞書で調べてみると、意味のひとつに「インターネットなどの情報サービスにおいて、提供される文書・音声・映像などの個々の情報。デジタルコンテンツ」とあります。これも、わかるようでよくわかりません。

僕なりにコンテンツを定義するなら**「何かしら心が動くもの」**です。映画、音楽、マンガ、小説……これらは言うまでもなく、喜怒哀楽などの「感情が動くもの」なので「コンテンツ」です。例を出してみましょう。

次の内容は「情報」です。

株式会社インターネットという会社を設立した。事業内容は通信インフラの整備だ。

次の内容は「コンテンツ」です。

私は東日本大震災を岩手県で経験しました。地震発生後はしばらくインターネットが使えなくなり、普段オンラインで人とつながれたり情報が得られたりすることのありがたみを感じたのです。それがきっかけで、通信インフラを整備する会社「株式会社インターネット」を立ち上げました。

両者を読み比べて、コンテンツのほうは「ああ、そういう思いでやってるんだな」と心が動いたはずです。とにかく何かしら心が動けばコンテンツになりうるのです。

ちなみにコンテンツにするためには、エモいエピソードや表現は必須なのでしょうか？　僕は数字が並んでいるただのデータであっても「そうなのか！」と心が動くならコンテンツと呼んでいいのではないかと考えています。

２０２４年の初めに「スノーピークの２０２３年12月期連結決算は、純利益が前期比の99・９％減の１００万円だった」というニュースが出ました。これはただのデータかもしれませんが、驚いたり、思うところがあったりする人は多かったはずです。こういう驚きのある情報やデータはコンテンツと呼んでも良さそうです。

逆に小説を書いたとしても、その文章によって誰の心も動かないのであればコンテンツではないということです。小説でも何でもないはちゃめちゃな文章でも、誰かの心を動かせたらそれはコンテンツです。**コンテンツになり得るかどうかは「感情が生まれるかどうか」が分岐点**。この本では、「何かしら心が動くもの」をコンテンツと定義して、話を進めていきたいと思います。

「情報化社会」から「コンテンツ化社会」へ

やや感覚的な話になりますが、これから世界はますます「コンテンツ化」していくと思っています。「映画や漫画などのコンテンツが増えていく」と言いたいわけではありません。「世界自体がコンテンツ化していく」ということです。**世界のあらゆるものごとが感情を動かすコンテンツになっていく**のではないか。

理由としては2つあります。

ひとつはデジタル化の進展です。コロナ禍を経て、あらゆるものごとがますますデジタルに移行しました。誰もがスマホやPCなどのデバイスを使うようになった。ネットに接続せずに生活することはかなり難しくなりました。

デジタルの世界では仕事もプライベートも「地続き」になります。あらゆる情報が横並びになります。Netflixも、ＥＣサイトも、採用ページも、お役所のサイトも、すべてが横並びになる。そんな中で「ただ情報を置いておく」だけでは多くの人に届かなくなってきているのです。**耳目を集めたいなら、よりわかりやすく、よりおもしろくしなければいけない。**そんな時代に突入しています。

もうひとつは生活がより高度化したからです。

現代の日本人の多くは、衣食住に困らない生活を送っています。すると人は次に何を求め、何にお金を使うようになるのか？　独立研究者の山口周さんは『ビジネスの未来』（プレジデント社）の中で「人類が長らく夢に見続けた『物質的不足の解消』という宿題をほぼ実現しつつある」とした上で、こう述べています。

「便利さ」よりは「豊かさ」が、「機能」よりは「情緒」が、「効率」よりは「ロマン」が、より価値のあるものとして求められることになるでしょう。そして、一人一人が個性を発揮し、それぞれの領域で「役に立つ」ことよりも「意味がある」ことを追求することで、社会の多様化がすすみ、固有の「意味」に共感する顧客とのあいだで、貨幣交換だけでつながっていた経済的関係とは異なる強い心理的つながりを形成することになるでしょう。

豊かさ、情緒、ロマン、そして「意味がある」ことが求められる世界。それは言い換えると「コンテンツ化」した世界とも言えるのではないでしょうか？　例えば、水を飲みたいと思ったとき、水道水や適当に買った水ではなく「南アルプスの天然水」や「ボルヴィック」などをわざわざ選んでいたとしたら、そこには自分なりの「意味」があるはずです。その意味の背景には、商品のイメージや企業のストーリーが存在するでしょう。何かしら心を動かすもの、僕の定義する「コンテンツ」が影響しているはずなのです。

衣食住を満たすだけなら、コンテンツは必要ありません。しかし、いいか悪いかは置いておいて、人間はより充実した生活を求める生きものです。人はより豊かで、情緒のある生活を求めます。そういう世界において「コンテンツ」はますます求められていきます。

意味やコンテンツが求められるようになるのは「働く」という分野でも同じです。「お金がもらえるから働く」「生活のために働く」というよりも「この仕事には意味があるのか？」「なぜ、この会社で働くのか？」と多くの人が考えるようになりました。**企業であっても「心を動かすようなコンテンツ」を提示できないと選ばれなくなっているのです。**

心が動かないものは、存在しないのと同じ

読まれなければ意味がない、届かなければ意味がない

発信を検討している企業から、たまにこんなことを言われます。

「うちの会社はコンテンツを出したいわけではないんですよ。自社の魅力を伝えたいだけ。会社のことを知ってほしいだけなんです」と。

その気持ちもよくわかります。

ただ、**じゃあどうすればいいのでしょうか？** Ｘで自社の説明をどんどん発信すればいいのでしょうか？ 事業内容をｎｏｔｅにまとめて公開すればいいのでしょうか？

それで果たして、読んでもらえるでしょうか？

前述したように、もはや情報を発信するだけでは届きません。世の中が情報だらけだか

ら埋もれてしまうのです。そこでコンテンツ化によって差別化しましょうというのが僕の提案になります。

言ってみれば、コンテンツは「きっかけ」です。ほとんどの企業はコンテンツを生業にしているわけではないと思いますが、コンテンツは武器になりえます。**どんな産業であってもコンテンツを武器にすれば、会社の魅力を伝えることは可能**なのです。

読まれなければ意味がない。届かなければ意味がない。心が動かないものは、現代において存在しないも同然なのです。まずは存在を知ってもらえなければ魅力を伝えることだってできません。

より多くの人に届く「コンテンツ化」の威力

経営者の思考も「コンテンツ」にすれば、より多くの人に届けられるようになります。そのイメージを次ページのような図にしました。

経営者の頭の中には「暗黙知」が詰まっています。個人の経験や直感、言語化できていない知識やスキルなどの暗黙知には、企業を動かし、世の中を変えるような大きな価値が

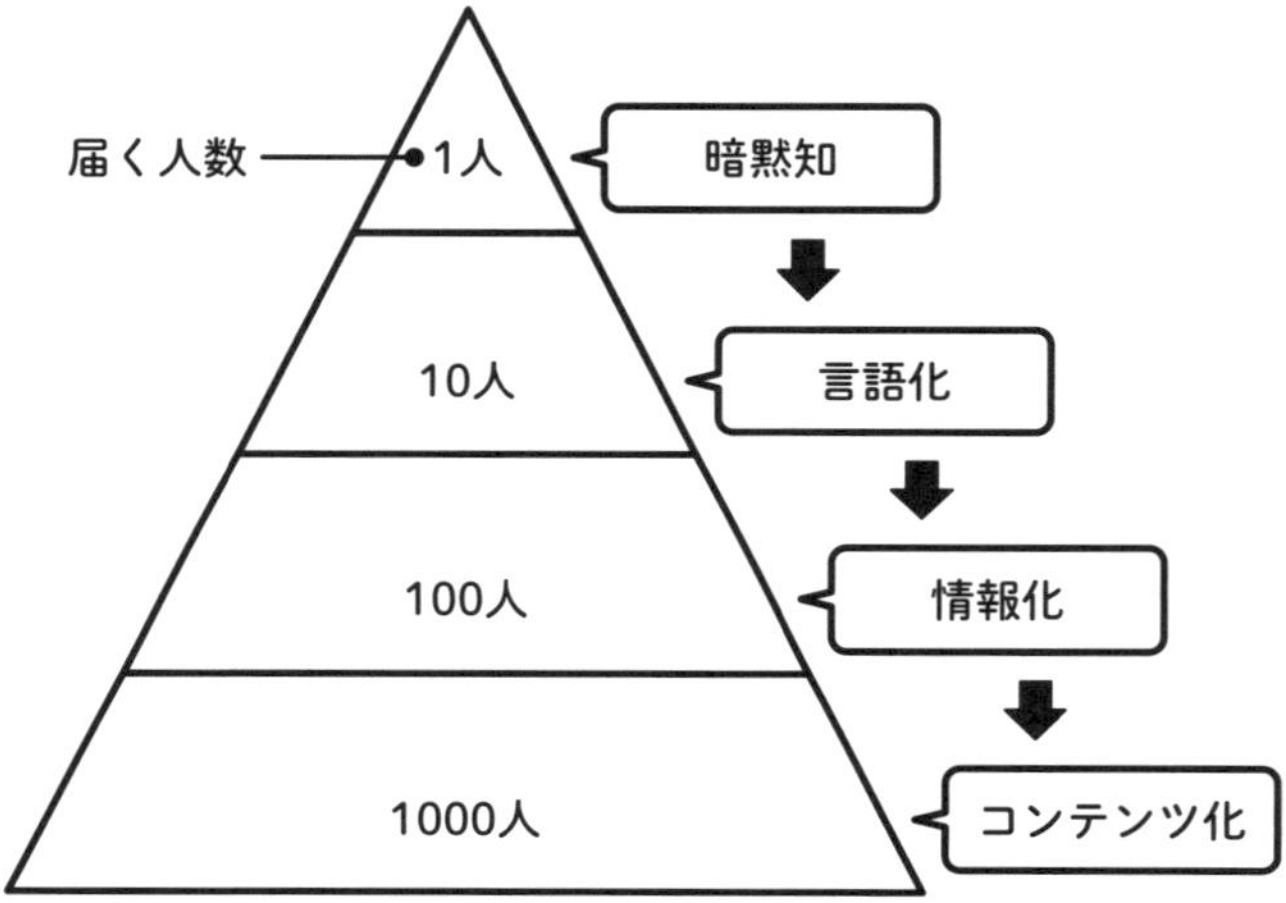

経営者の思考は「コンテンツ」にすればより多くの人に届く

あるでしょう。しかし、脳内に留まっていては誰にも伝わりません。そこで必要なのが「言語化」です。言語化、つまり言葉にすれば、まわりの人に伝えることができます。

言語化したものを文章にまとめるなど「情報化」すれば、経営者や会社のことを知っている人たちにも伝わるでしょう。さらに、その情報をコンテンツ化、つまり**「何かしら心が動くもの」に加工すれば、業界外の人やこれまで会社を知らなかった人にまで届きます。**

これを採用の側面から見てみるとこうなります。

経営者が「こんな人がいたら会社は成長

できるのにな」と思っているだけでは暗黙知のままなので誰にも届きません。そこで経営者が考える「こんな人」を言語化します。すると、まわりの10人くらいに届き「社長はそういう人がほしいと考えているんですね」とわかってもらえます。それをきちんと文章に整理してサイトに載せる。すると、関係者やすでにその会社に興味のある人など１００人ぐらいが見てくれます。

さらに「こんな人がほしい」という情報にとどまらず**「これまでの会社の歴史」「起業したときの思い」「会社が実現させたい未来」などのコンテンツを出します**。すると、それまでその会社を知らなかった１０００人以上が見にきてくれるようになるという具合です。コンテンツ化にはそれくらいの威力があるのです。

まず広く知られることに注力せよ

こんな相談を受けることもあります。

「エンジニアを採用したいからエンジニアだけに届けばいいんです」「バズらなくていいので社会人5年目くらいの優秀な若手に届けられないでしょうか?」など、一部の人にだけ届けたいという相談です。

もちろん内容を専門的にしたりしてターゲットを狭めることはできなくはないでしょうが、少なくとも発信の初期フェーズでは「届けたい人にだけ届ける」というイメージは捨てたほうがいいでしょう。**広く知ってもらう中に、あなたが届けたい人がいるのです。**届けたい人がいるなら、まずは広く知られるための発信をすることが有効です。

まず「多くの人に知られる」ことに全力投球しましょう。

知られるのが先。言いたいことは後です。

人はそもそも、知らない人の話は聞いてくれません。これはリアルの場面を想像すればわかることです。いきなりあなたの隣におじさんが座ってきて「あのね、僕のビジョンは食料廃棄をゼロにすることなんだ」などと言ってきたらどうでしょうか？　まず真っ先に思うのは「誰？」だと思うのです。「へええ、それは立派ですね！　もっと話を聞かせてください！」と答えてくれる人はいません。基本的に知らない人の話は聞かない。だからまずは「知られる」ことが重要なのです。

あなたの会社の知名度はどのぐらいでしょうか？　誰もが知っているような有名企業でなければ、まずは知られることを目的にコンテンツを作りましょう。「バズらなくていい」

認知の壁を越える

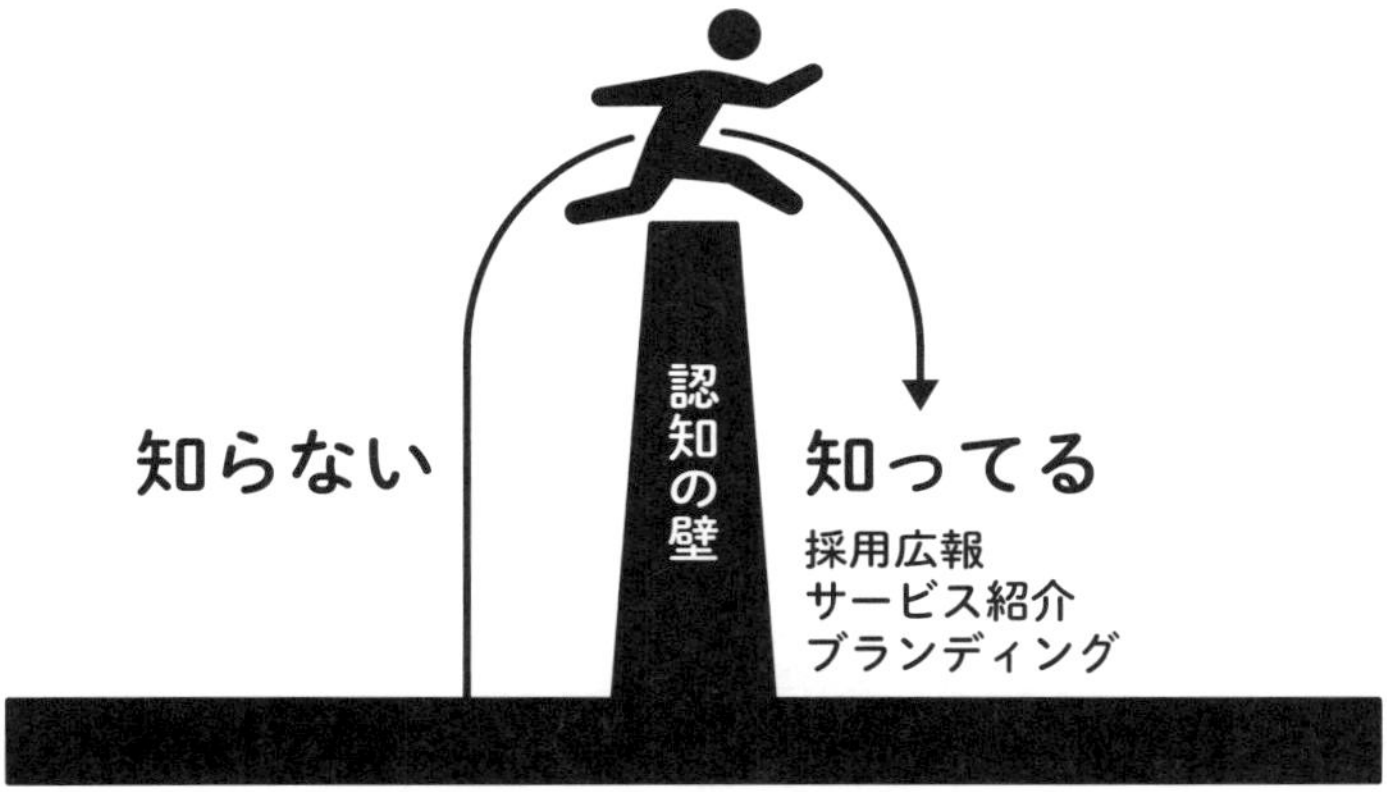

認知の壁を越えなければ、言葉は届かない

などと言っている場合ではないのです。

この「知られる」という部分をすっ飛ばしている会社は案外多いものです。存在を知られていないのに、自社のよさやビジョンを語る……これでは誰も読みません。

まずは「知らない」という場所から「知ってる」という場所に行く必要があります。

僕はこれを**「認知の壁を越える」**という言い方をしていますが、認知の壁を越えないことには、いかにビジョンを語っても、いかに働き方の魅力を語っても届きません。

ほとんどの会社がこの「知ってる」まで到達していない。逆に言えば「知られている」状態にさえなれれば、何を発信しても聞いてもらえるようになり、無双できます。

企業のコンテンツは「資産」になる

会社の歴史や思いは、誰にも盗まれない資産になる

ビジネスの世界では、あらゆるものが「コモディティ化」していきます。

ビジネスモデル、価格戦略、採用、顧客獲得……どんどん競争が激しくなって淘汰されていき、最終的にどこも同じような場所に落ち着いていく。競合他社と抜きつ抜かれつしながら、なんとか踏ん張ってビジネスを続けていく、というのがよくある光景ではないでしょうか。

このように、**あらゆるものがコモディティ化していくビジネスの世界において、唯一盗まれないものが「コンテンツ」**です。

例えば会社が歩んできた歴史や創業者の思いは「唯一無二」のものです。それをコンテ

ンツにして多くの人に届けられれば、それ自体が差別化になりますし、誰にも盗まれない資産になります。他社がまねしようとしても、そこだけは絶対にまねできないのです。

差別化できていないと、値段で勝負するしかなくなっていきます。値下げせざるを得なくなると、業績も上がらず、給料もアップできず、いい人材も集まらない……というマイナスのスパイラルに陥るでしょう。差別化できていれば、他社と違う部分で勝負できるので値下げしなくてよくなります。プラスのスパイラルに入っていければ、給料もアップし、いい人材も集まるようになるでしょう。

僕が発信をお手伝いしている経営者に、こんなことを言っていただいたことがあります。

「ｎｏｔｅでの発信を続けていくと、絶対に盗まれない資産になりますね。ビジネスをやっているといろいろと追随されますが、このｎｏｔｅだけは絶対まねできないんですよね」

その会社は、競争の激しい業界に身を置いていて、少し抜きん出たとしてもすぐにキャッチコピーをパクられたり、料金体系をまねされたり、何度も追随されてきたそうです。そんな中**発信を続けたことで、いつの間にか誰にも盗まれることのない独自のブランドが構築された**のです。

魅力的なコンテンツを積み重ねていけば、それはやがて「ブランド」になっていきます。
エンジェル投資家であり経営コンサルタントの瀧本哲史さんは『2020年6月30日にまたここで会おう』（星海社）の中でこう語っています。

（「盗まれないもの」とは）その人の人生ですよ。その人が過去に生きてきた人生とか、挫折とか、成功とか、そういうものは盗めないんですよね。「その人にしかないユニークさ」というのが、いちばん盗めないと思います。

音声や動画ではダメなのか？

コンテンツなら動画や音声などでもいいと思いますが、僕はテキストがいちばん「強い」と思っています。いくつかその理由をお伝えします。

ひとつは**「長く残るから」**です。極端な話、平安時代や江戸時代のことを知ることができるのもテキストで残っているからです。多くの古典はテキストで残っています。昔の映像や音声も残すことは不可能ではありませんが、再生する機械やフォーマットが変わるごとに対処が必要で、誰でも瞬時に見ることは難しい。

何よりテキストは古さを感じさせません。昔の映像や音声だとどうしても古さを感じてしまいますが、テキストであれば戦後すぐのものであっても最近書かれたものであっても、同じように私たちに迫ってきます。「長く残る」「古さを感じさせない」という意味でもテキストがオススメです。

また、テキストのコンテンツは高い検索性があります。今の技術では検索によって動画や音声にたどりついてもらうことは難しいでしょう。テキストなら、オンライン上に載せておけば、検索して瞬時に見つけてもらうことができます。

アクセスのしやすさ、すぐに読んでもらえることもメリットです。たとえば、LINEで届いたテキストは0・2秒くらいで読むことができます。一方動画や音声が送られてきても、音が聞ける環境じゃないと視聴できません。動画や音声はある程度、時間がかかるうえに、いちばん伝えたい内容にたどり着くまでに離脱されてしまうリスクもあります。

さらにはテキストを読むことは能動的な行動です。動画や音声を見聞きするのは受動的な行動なので楽です。しかしその分、右から左に素通りしてしまう可能性も高いでしょう。

一方で、テキストを読むことは能動的な行動なので、心に残りやすく、より深く伝えることができます。

会社の発信の先には「サービスを利用してほしい」「採用に応募してほしい」「投資してほしい」という狙いがあります。能動的にテキストを読んでくれる人は、行動に移してくれる可能性も高いでしょう。特に採用の場面では、**YouTubeやTikTokなどで適当に見て応募してくる人よりも、きちっとテキストを読んで来てくれる人を採用したいのではないでしょうか？** その意味でもテキストでの発信が適切なのです。

もっと言えば、動画や音声などを含めたあらゆるコンテンツは、元を辿っていくとテキストです。動画でも音声でも、収録するときにはある程度決められた台本（テキスト）が必要でしょう。逆に言えば、**テキストさえ作っておけば他のあらゆるコンテンツを生み出しやすくなります。** テキストで作ったコンテンツを読めば音声コンテンツになりますし、映像化やコミック化なども可能です。いずれにせよ、まずはテキストのコンテンツが必要になる。あらゆる側面から考えて、テキストのコンテンツを作っておいて無駄なことはないのです。

発信よりも事業に集中すべき企業もある

成長ステージに合った施策を

ここまで発信やコンテンツ制作の重要性について語ってきましたが「とにかくどんな会社もコンテンツ制作に力を入れればいい」というわけではありません。**コンテンツは万能ではないのです。**発信における適切な施策は、企業の成長ステージによって異なります。

ここでは、草創期、成長期、成熟期と大きく3つにわけて説明します。

〈草創期〉

この時期は発信に力を入れるよりも、事業を盤石にしたほうがいいとお伝えしています。

PRはプレスリリースを中心に、SNSは情報を流す程度でいいでしょう。

企業の成長ステージにあった施策

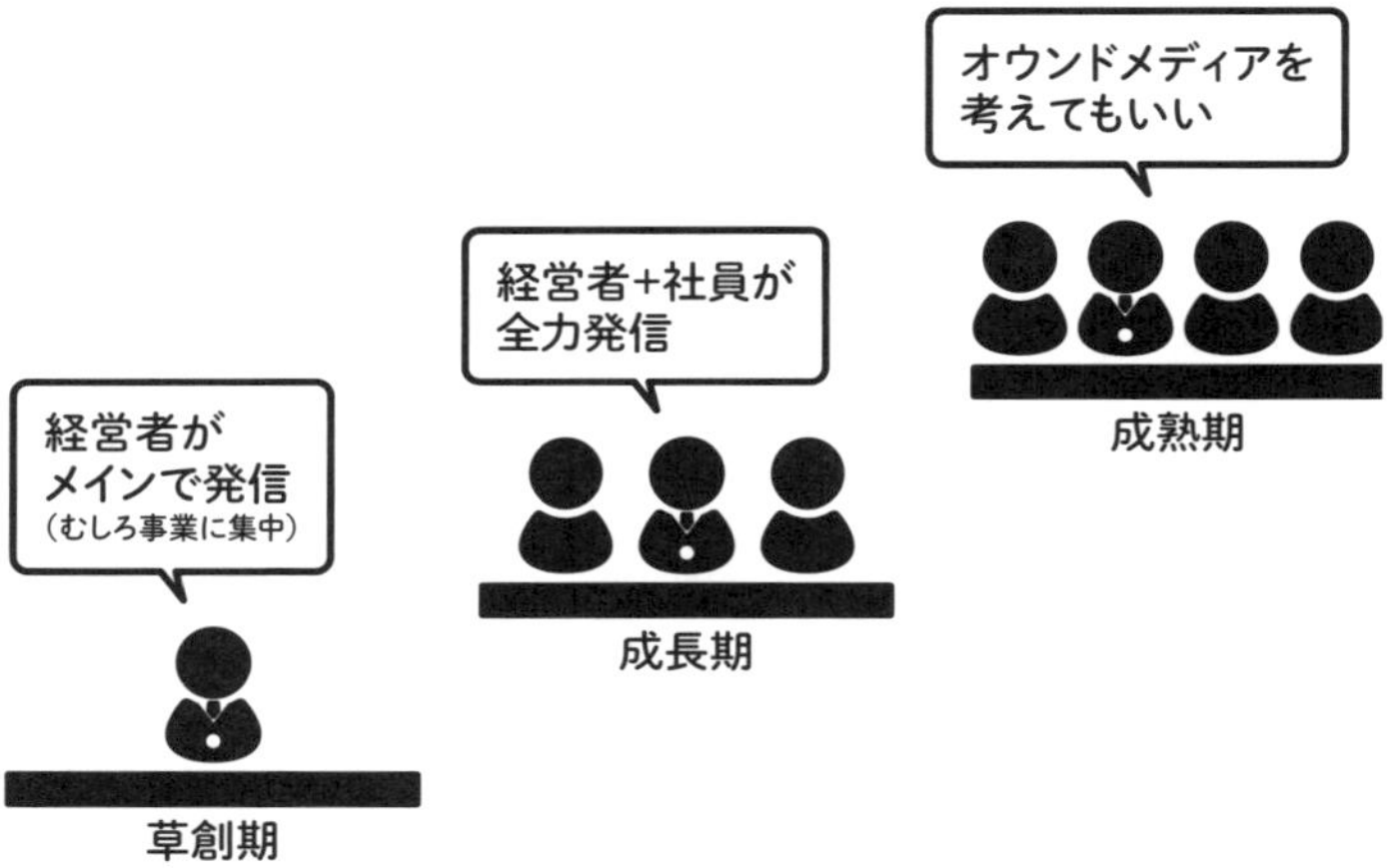

〈成長期〉

コンテンツが効いてくるのはこのフェーズからです。事業が軌道に乗って人が増えてきたら、リリースにプラスしてSNSやnoteでコンテンツを発信しましょう。ここでは経営者が前に出て知名度を上げつつ、事業のPRや採用、調達などにつなげていきます。

〈成熟期〉

売上数十億、社員数100名以上、社名やサービス名も知られるようになってきたら、経営者だけではなく社員も含めて会社全体で発信していくといいでしょう。自社の「オウンドメディア」を立ち上げて発信することに合理性が出てくるのがこのフェーズです。ただ、もし企業として成熟はしているけれど知名度はまだないようなら成長期の施策から始めるのがいい判断だと思います。

コンテンツ制作が「無駄な投資」になるケース

企業の成長ステージと発信の施策がズレていると、無駄な投資になってしまいます。

当たり前の話ですが、発信すれば事業がうまくいくわけではありません。**事業がうまくいっている上で適切な発信ができるとさらに成長していける**、という話です。

たまに草創期の企業の方から「発信を手伝ってほしい」とお願いされることがありますが、僕はまず事業に集中することをおすすめしています。この時点でいかにコンテンツがバズったとしても、それで事業がうまくいくわけではないからです。

例えるなら、草創期のコンテンツ発信は寿司を作ろうとしているのにネタがない状態です。どんなに頑張っても寿司はネタがなかったら作れません。ネタは事業の主体を作ることに集中しないと集まってこない。草創期はまず「ネタ集め」のフェーズとも言えます。

よって草創期はコンテンツというよりも、淡々と情報を流すくらいでいいでしょう。

「こういうサービスを始めました」「こういう事業をやっています」といった事実を経営者が発信するのがいい施策です。何度も言いますが、SNSの発信自体が事業を伸ばすわけではないのです。採用や認知度アップには貢献できると思いますが、SNSばかり頑張ることになると本末転倒です。

また、事業が盤石であっても、社名や事業がまだ知られていない成長期に自社のオウンドメディアを立ち上げても、かけるコスト以上のリターンは期待できないでしょう。よく「メルカリのオウンドメディア『メルカン』がうまくいっているから、同じようなメディアを立ち上げよう」「資生堂の『花椿』みたいなフリーペーパーを作ってみよう」といった議論になりがちですが、**すでに知名度のある企業のまねをしてもうまくいくとは限りません。**自分たちと同じフェーズの企業のうまくいっている施策をまねることが大切です。

この本のターゲットは主に「成長期・成熟期」の企業です。事業がうまくいっており、顧客が満足する商品やサービスをきちんと市場に提供できていて、あとはリソースさえかければ伸びていく。そういうフェーズにある会社にとって、経営者が前に出てコンテンツを発信していくことはもっともレバレッジの効く施策です。

第4章

企業のための
コンテンツ制作入門

コンテンツに必要なのは「面白い」と「役に立つ」

この章からは、具体的にどうコンテンツを作ればいいかをお伝えしていきます。コンテンツの定義は「何かしら心が動くもの」だとお伝えしました。では、人の心を動かすためには何が必要なのでしょうか？

僕は**「面白いこと」と「役に立つこと」**の2つであると答えています。ちなみに講談社の理念は「おもしろくて、ためになる」です。さすがコンテンツのど真ん中を言い表していますね。

「面白いこと」とは、言い換えればエンターテインメントです。ゲーム、YouTube、TikTok、Netflixなどが挙げられます。マンガや映画もそうです。エンターテインメントは、自分とは関係ない人の話なのに、わざわざお金を払ってまで観たいと思わせるパワーを持っています。

「役に立つこと」とは、言い換えれば薬です。人は悩みごと・困りごとを解決してくれるものに飛びつきます。「この記事は自分のためになる」「自分の人生や仕事のプラスになる」と思ってもらえれば、読んでもらえます。

商品や会社の紹介、採用に関する記事であっても、光の当て方を変えて「面白いこと」や「役に立つこと」に編集し、コンテンツ化することは可能です。

多くの経営者は、自分の思いを言語化するところまではやっています。そこから「どうすれば読んでもらえるか？」というコンテンツ化ができていない。広告・宣伝・広報なども、きちんと「コンテンツ」にできれば届くはずなのです。

「公式アカウント」が届きづらい理由

しつこいようですが、コンテンツ発信の主体も「個人」であることが前提となります。やはり「法人」としてのメッセージよりも、法人の中の「誰々さん」など、一人の人間の顔が見えたほうが伝わりやすいからです。

Xには SHARPやキングジムなど、会社名でうまくいっているアカウントもあります。ただあれをまねするにはセンスが必要ですし、アカウントの「人格」を上手に出していくのは至難の業です。すでに知名度のある会社であれば、法人自体に「人格」ができているのでこのやり方も可能ですが、無名の会社では難しいのです。

企業アカウントに無理やりキャラづけするよりも、**経営者個人が前に出て「どんな考えを持っているのか？」「どれほど商品に情熱を持っているのか？」を伝えるほうがよっぽど効果的ですし、本質的**です。

ｎｏｔｅもＸも「〇〇社公式」などではなく「〇〇代表取締役の誰々さん」として発信してください。どうしても経営者本人が前に出られない場合も「〇〇社広報」よりは「〇〇社広報の誰々さん」として発信するほうが多くの人に読んでもらえるはずです。名前を出して、できれば顔も出して（イラストでもいいです）、会社の人格ではなく個人の人格として発信するのがポイント。会社を主語にするのではなく、人を前に出すのです。

人は、人に反応する生きもの。ＳＮＳでは特にそうです。会社だからといって、個人をぼやかさずに、なるべく人が見えるように発信してください。

「自己紹介コンテンツ」を作ろう

経営者の年表を作る

それでは具体的に何から始めればいいのでしょうか？

まずは経営者の「年表」を作ってみることをおすすめします。年表はそのままコンテンツにはなりませんが、経営者が自分で原稿を書くときや、広報や社員の方などまわりの方が経営者に取材をするときの補助線になります。

たとえば「22歳で大学卒業と同時に就職。30歳でＩＴベンチャーに転職」といった年表があれば、そこから「転職のきっかけは何だったんですか？」という質問が生まれ、取材がしやすくなります。自分で書く場合も「どうして転職したんだっけ？」と思い返すきっかけになるでしょう。

取材者は、もし経営者とFacebookでつながっていたら簡単な経歴は書いてあることが多いので、あらかじめ作っておいてもいいでしょう。年表に沿って会社に関する話を聞いたり、原稿にまとめたりしていけば、それは社史になります。これまでどのような人生を送ってきたのか、そしてその経験からどのような価値観が生まれたのかをまとめたら、自己紹介の記事ができます。なぜ創業したかを書けば、創業物語にもなります。**年表を作るというシンプルなことですが、案外やっている人は少ないもの。**用意しておきましょう。

年表を作ったら、次は**「人生の棚卸し」**をしてみましょう。巻末に「棚卸しのための100の質問」をご用意しましたので、そちらに答えながら、どんな発信ができそうか、思いを巡らせてみてください。ちなみに「メモ、ノート、手帳の使い方は？」「お金と時間、どちらが大切ですか？」「人間関係で気をつけていることは？」など、ベストセラーになりやすいテーマからも質問を作成しているので、こちらに答えていくことで必然的に「読まれるコンテンツ」が見えてくるはずです。

「何を発信するか？」の前に「誰が発信しているか？」

発信にあたって、ひとつ気をつけたいことがあります。

多くの人は「発信しよう」と思うと「さて、何を発信しようかな?」と真っ先に考えます。でもここで見落としがちなのが「誰が発信しているか?」ということです。知らない人の話は聞いてもらえないという話はすでにしましたが、とにかく「何を」の前に「誰が」を固めなければ何を言っても聞く耳を持ってもらえません。

まずは「自分(経営者)は何者なのか」を伝えることです。最初から事業内容やビジョンの話をしても読んでもらえません。社内の人すら読んでくれないかもしれません。そういうときにまず大事なのが「誰が書いているのか?」「あなたは誰なのか?」を明確にすることなのです。

同じことを言っても「誰が」の部分が固まっている堀江貴文さんや落合陽一さんが言うのと、知らない会社の経営者が言うのとではやはり届き方は変わってきます。これは現実的な話です。

「結果として」自己紹介になるコンテンツを

「誰が」の部分を固めるためにも、まずは「自己紹介」をしましょう。

ただし、この「自己紹介」も「私は○○と申しまして、こんなことをしています」という普通の自己紹介だとあまり読んでもらえません。社員や関係者であればそれでも読んでくれるかもしれませんが、もっと多くの人に読んでもらうためには、ちょっとした工夫がいります。その工夫とは「結果的に自己紹介になるようなコンテンツにする」ことです。

スタートアップ企業であるリチカ代表の松尾幸治さんは、左のようなタイトルのｎｏｔｅを公開しています。インパクトあるタイトルに「なんだろう？」と思った方も多いでしょう。「まわりがスゴすぎて吐きそう」だなんて親近感も湧きます。

このｎｏｔｅでは、松尾さんのこれまでの人生が語られ、最後に「こんな会社をつくりたい」「こんな世界をつくりたい」といったビジョンが書いてあります。コンテンツとして読み進めていくだけで、松尾さんやリチカという会社を深く知ることになります。このｎｏｔｅは１５００近くの「スキ」を獲得しています。これがもし「僕の自己紹介をします」といった切り口やタイトルだったら、１０００分の１くらいしか読まれなかったはずです。

このように「結果的に」自己紹介になるようなコンテンツが出せるとベストです。**読者**

まわりの社長がスゴすぎて正直、吐きそう

1,474

Yukiharu Matsuo / 松尾幸治
2019年7月31日 10:59 フォローする

ベンチャー社長なのに「普通」と言われます

ぼくは**「普通」**って言われます。知名度もありません。

社員からも「うちの会社に知名度がないのは、社長が目立ってないからだ！」「もっと発信してよ！　メディアに出てよ！！」って言われます。

……いやいや、あれ、すごい人たちだからやれるんだって。。。

ぼくもいちおう「ベンチャーの社長」としてがんばっているのですが、**まわりの社長がスゴすぎて、正直吐きそう**なんです。

すごいキャリア、すごい生い立ち、すごいビジョン……。情報発信もうまい。ぼくもツイッターで仕事のTipsとかつぶやきたいのですが、なかなかうまくいきません。

ほんと**「Forbes」の「UNDER30」とかに選ばれたい**人生でした。

ぼくの話って、全部「なんとなく」なんですよね。投資家の人からも「動機が弱い」とか「結局何がやりたいのかわからない」とかめっちゃ言われて。「原体験がないのか？」みたいな。**「いや、原体験ってなんですか？」**って感じで。

リチカ代表、松尾幸治さんのnote

にとって「いつの間にか自己紹介を読んでいた」となるような体験。それが実現できれば、自己紹介noteに続くコンテンツにも興味を持ってくれる人は増えるでしょうし、中長期にわたって伝わり方に大きな差が生まれていきます。

「経営者の半生」は強力なコンテンツになりうる

自己紹介として「経営者の半生」をまとめてみるのは王道です。

あなたが経営者なら自分自身の半生を書いてみましょう。「私の人生に興味を持ってくれる人なんている?」と思われるかもしれません。しかし、**他人の人生の話は「自分ごと」になりうる**のです。誰しもが人生を歩んでいて、同じように悩んでいます。自分の半生を披露するだけで多くの読者は「自分ごと」として読んでくれるはずです。

「いやいや、私なんて普通の人生を歩んできただけですから」とおっしゃる方も多くいます。しかし、そもそも「子どものころに両親を亡くし、弟と二人きりで生きてきた」といった波乱万丈な人はあまりいません。それに波乱万丈な人生は映画にはしやすいかもしれませんが「共感」からは少し遠ざかってしまいます。「普通」であるほうが共感する人が多いので、普通の人生のほうがいい面もあります。

ほとんどの人は「会社員の父親と公務員の母親の間に生まれて普通に育った」といったような子ども時代です。それでも**「普通の家庭で生まれ育ったのに、リスクを取ってまで経営者になった」というのが面白い**のです。僕が取材した経営者の中には「親がどちらも教員で、厳しく保守的な家庭だったけれど起業を選んだ」という方もいました。共感する人はいるでしょうし「保守的な家庭で育つと逆に冒険したくなるのかな」といった感想を抱く人もいるでしょう。

「会社としての発信」という意識を捨て、個人としてどういった人生を歩んできたのかを一度まとめてみることをオススメします。

「創業秘話」が広まるとファンが増える

特に創業者であれば、会社を作る前後の「創業秘話」は最強のコンテンツです。

創業期にはたくさんのドラマが詰まっているはずです。ぜひ自分たちにしか語れない創業期について発信してください。**なぜ、リスクを負ってまで会社を作ろうと思ったの**

それを書いていくだけでも面白いストーリーになるはずです。そして、あなたに続く多くの起業家の参考にもなるはずです。

どうやって人を集めたのか？　その際にいちばん苦労した部分はどこか？

「創業秘話」が知られると「会社のファン」が増えていきます。

Facebookが大学内で学生同士をつなぐサービスから始まったことは有名ですし、松下幸之助は体が弱いことに不安を感じ、改良ソケットを作って独立しようと決意したのが創業のきっかけだそうです。こういう創業秘話を知ると共感せざるをえません。「人を集めるのが大変だった」「四畳半の部屋から始まった」「残高が底をついた」などベタかもしれませんが、そういった創業期の苦労話に人は惹かれるものです。

２０１９年に書かれたＵＵＵＭ創業者の鎌田和樹さんのｎｏｔｅ「永遠のベンチャー『ＵＵＵＭ』創業物語」には、ＨＩＫＡＫＩＮさんと出会い、その後チャンネル登録者数の多い順に「ユーチューバーに会いに行く旅」をしていた話が書かれています。

当初はユーチューバーを使った「ジャパネットたかた」のようなサイトを作ろうとしたけれど、うまくいかなかったそうです。そんななかＨＩＫＡＫＩＮさんをサポートする過程で、ユーチューバーのプロデュース事業が生まれたことが綴られています。こうした裏

Photo by koukichi_t

永遠のベンチャー「UUUM」創業物語

3,928

鎌田和樹
2019年6月26日 18:00 フォローする

UUUMはあくまで「ベンチャー」です

6月27日はＵＵＵＭの設立記念日です。

設立が2013年なので**丸6年が経った**ことになります。

今や社員も400名近く。noteでもちょこちょこ書いてはいますが、会社の歴史を知らない人も増えてきました。研修で社員に「ＵＵＵＭってどんなイメージ？」と聞いてみると「時価総額ウン億円で」「ヒルズに入ってて、上場企業で、順風満帆で……」といった答えが返ってきます。

……違うから！！

今がたまたまそうなだけで、
めちゃくちゃ苦労したんだからね！！

UUUM創業者、鎌田和樹さんのnote

話を知ることができると応援したくなる人も多いはずです。

自分で自分のことを書くのは難しい

経営者自身が自分の半生を書ければそれでいいのですが、そもそも「自分のことを自分で書く」というのは難しいことです。

自分で自分のことを書こうとすると**「あれも言いたい、これも言いたい」という具合にどんどん増えていって収集がつかなくなるか、「何が面白いんだろう?」「そもそも書くに値するような中身がないんじゃないか?」と諦めてしまうのが相場**です。

僕も他人のコンテンツを編集するのは、仕事にしているくらいなので得意なのですが、自分のことを自分で書くのには異様にメンタルと時間がかかります。ちなみにこの本もライターさんに取材してもらって、それを文章にまとめてもらったものを加筆修正することで何とか形にしています。

文章を書こうとしてもすぐに筆が止まってしまう。下書きのまま半年以上が過ぎてしまった。そういう方は**誰かに取材してもらうことをオススメします。**

成功話、自慢話は嫌われる

会社をつくってからいちばん苦労したことを書く

企業として発信しようとすると、つい「成功話」を語りがちになります。

「会社設立以来、順調に成長し、顧客もこれだけ増え、○年後に上場も果たしました！」

こういった記事もたまに見かけますが、これだけだとただの自慢に見えてしまって、読者はあまり魅力を感じません。下手をすると「なんだか偉そうだな」と、逆ブランディングになる危険性もあります。

それよりも今の時代は、**苦労話や失敗話を書く**ことをオススメします。

「会社を立ち上げたのはいいものの、お客さんは0人。しばらくはパチンコに通っていた」とか「順風満帆だったのに、不況のあおりで一度倒産しかかり、一時期はカップ麺ばかり食べていた」といった話です。苦労話、失敗話は多くの人が「自分ごと」にできるので、共感を得やすいのです。

僕自身もSNSを眺めているときに「こんなにうまくいきました」という話よりも「会社が倒産して大変なことになりました」「社員が逃げちゃって一人になってしまいました」「借金を抱えて散々な目に遭いました」という話についつい目が行ってしまいます。**人は他人の失敗から学びたいと思うもの。**少し躊躇するかもしれませんが、恥を忍んで苦労話を書いてみてほしいと思います。

たとえばこんなコンテンツは共感を呼びます。

「36歳で印刷会社の社長になった僕が、減り続ける売上をなんとか立て直した話」

これはglassyという印刷会社の二代目社長の奮闘記です。メインクライアントだった家電量販店のチラシ発注がなくなりピンチになるものの、その後「社内報」の制作に舵を切り、復活を遂げたことが書かれています。

もしこれが「社内報で儲かった話」だったら読んでもらえなかったでしょう。**注文が減**

Photo by *sodonder*

36歳で印刷会社の社長になった僕が、減り続ける売上をなんとか立て直した話

♥ 3,842

工藤太一／印刷会社二代目／glassy株式会社代表取締役
2021年2月5日 11:56 フォローする

僕が35歳のとき、父親がガンになりました。

父は印刷会社を創業し、以来ずっと社長をしていました。しかし、ガンのこともあったのでしょう。急に僕を呼び出して**「おまえ、来年から社長な」**と告げたのです。

ちなみに治療はうまくいき今はピンピンしていますが、病気のことがなかったら、このタイミングで社長になることはなかったかもしれません。

僕は36歳で、印刷会社の二代目社長になりました。

このnoteは、印刷会社の息子として生まれ、36歳で継承し、業界が下降トレンドのなか、なんとか生き延びる道を探り出した話です。

glassy代表、工藤太一さんのnote

り続け、苦労した様子も描くことで多くの人の共感を呼ぶことができたのです。

軌道に乗ったブレイクスルーなできごとを書く

苦労話、失敗話は面白いのですが、さすがに「じゃあここに依頼しよう」「採用に応募しよう」とはなりにくいかもしれません。よって会社がうまくいくようになったターニングポイント、ブレイクスルーなできごともセットで書きましょう。すると、ただの「面白い話」で終わらずに、信頼性・ブランドにつながります。下がってから、上がる。印刷会社のｎｏｔｅも「ピンチからの復活劇」だったからこそ、グッときたわけです。

ＳＮＳの向こう側には、仕事や人生でうまくいかずに悩んでいる人がたくさんいます。失敗を恐れてチャレンジできずにいる人も多くいる。そういうなかで**「苦労したところからどう立ち直ったのか？」「失敗して、その苦境をどう打破してきたのか？」というストーリーを書けば、そういう人たちを励ましたり、勇気を与えたりすることができます**。

コンサルティング会社のドリームインキュベータ代表である三宅孝之さんの「創業時の事業を失った会社が、３０００億円級ビジネスの支援で復活できた話」というｎｏｔｅに

Photo by kigurumi64

創業時の事業を失った会社が、3000億円級ビジネスの支援で復活できた話

272

三宅孝之
2023年3月7日 14:35 フォローする

僕は「ドリームインキュベータ」という会社の社長をやっています。

経産省で６年間を過ごしたあと、A.T.カーニーという戦略コンサルティング会社に入りました。３年ほど働いたあと、2004年に今の会社に転職し、2021年から社長をやらせてもらっています。

我が社も、今でこそ社会にインパクトのある事業創造を行う会社として高い評価を受けていますが、ここに至るまでの道のりは平坦なものではありませんでした。

なぜなら**売上の大半を占めていた、創業時の事業である「ベンチャー支援と投資」がまったくできなくなってしまったから**です。

そこからどうやって売上を伸ばしてきたのかーー。

今回は、そのお話しをしたいと思います。

ドリームインキュベータ代表、三宅孝之さんのnote

もピンチからの復活劇が描かれています。

同社はもともと、ベンチャー企業への支援と投資で大きくなった会社です。しかし、ライブドア事件をきっかけにベンチャーの市場が冷え込み、案件が激減してしまいました。

そんななか三宅さんは当時の経営陣にこんな提案をするのです。記事から少し引用します。


僕は当時の経営陣に「新規事業に振りませんか?」と提案しました。

しかし、返ってきた反応は「そんなの無理だよ」「第一、予算がつかないよね」「新規事業なんて、コンサル会社に頼んでもできないと思われてるぞ」という感じ。

たしかにおっしゃるとおり。でも僕は、新規事業に特化することが他のコンサルとの差別化につながると思っていました。大企業の新規事業であってもやり方次第でうまくいくはずだ。そんな確信があったのです。

社内の会議では「もう『ホンダやソニーを100社作る』という看板は下ろすか」という意見も出ました。そのとき僕は末席にいたのですが「それはやめてください!」と突然手を上げて言いました。「ホンダやソニーは大企業からでも生み出せます! きっとうまくいきますから!」と叫んだのです。

なぜ、突然叫んだのかはわかりません。ただ「ドリームをインキュベートしなきゃ、うちらしくないだろう」と思ったのです。大企業であっても、もっともっと大きくなることはできるはず。ソニーやホンダ100社に匹敵するような大きなものを生み出せるはず。

新規事業の案件で結果が出ているものは、まだありませんでした。それでも僕は続けて「情けないこと言わないでくださいよ。本気で看板を下ろすなら、僕辞めますからね！」と入社4年目の分際で偉そうに言いました。すると会社への想いの強い幹部が「ハッ」という顔をして、前につんのめった若造の僕にあたたかく「そうだよな、ちょっとがんばってみるか」と返してくれたのです。

このやりとりをきっかけに大企業の新規事業のコンサルティングに舵を切り、やがてその「ビジネスプロデュース」は同社のメイン事業になり、見事V字回復を果たしたのです。うまくいっている現状だけを書くのではなく、それまでの経緯を書けば自然と「面白いコンテンツ」になります。どんな商品も、どんなサービスも、たった一人のお客さんから始まったはず。**何もなかったところから、どうビジネスを作り上げていったのか？　それ**

を多くの人にシェアすることは人類を前に進めることにもなると思うのです。苦労話や失敗話も含めてぜひ書いてみてください。

御社の「プロジェクトX」は何ですか？

「商品やサービスの誕生秘話」も需要の高いコンテンツです。

たとえば「妻が『レシピサイトは見てて楽しくない』と言っていたので、レシピも動画にしようと思いついた」とか「急に親が亡くなってしまい実家の片付けが大変だった。それを代行するサービスができないかと思った」など、なるべく「個人のエピソード」にまで落とし込めると魅力的な話になります。

裏側のストーリーが伝わるとモノやサービスに命が宿ります。

イメージとしてはＮＨＫの「プロジェクトＸ」で取り上げられそうなストーリーです。

そしてここでも、発信の主体は経営者が望ましいです。もし商品の開発者のほうが詳しいなら**「商品の開発者に経営者が話を聞いた」という切り口で経営者から発信する**ことをオススメします。

ビジョンを語るときは原体験とともに

ビジョンだけ書いても伝わらない

「これからこういう世界を実現させたい！」というビジョンを書くのもオススメですが、実はビジョンだけをまとめてもそこまで読んでもらえません。そこに「人」が見えないので、あまり魅力的ではないのです。

そこで、ビジョンを語るときは「原体験」とともに書くことをオススメします。「なぜそういう世界にしたいと思ったのか？」「なぜそういう会社にしたいと思ったのか？」など、描いている世界に影響を及ぼしてきた経験を書いてみるのです。**具体的なエピソードが混ざることで、経営者のパーソナリティも伝わり、面白い記事になる**はずです。

NOT A HOTEL代表の濵渦さんの「僕たちは『世界をもっと楽しくする会社』を目

僕たちは「世界をもっと楽しくする会社」を目指すことにした。

235

Shinji Hamauzu
2022年2月7日 13:32 フォローする

2022年、いよいよ**NOT A HOTEL**が完成します。

僕もずっとワクワクしています。

これまでこのnoteでは、NOT A HOTELの商品について、その魅力をお伝えしてきましたが、今回は、**僕ら「NOT A HOTEL株式会社」がどういう世界を目指しているのか**をお伝えしたいと思います。

「もっと便利に」より「もっと楽しく」

僕らがやりたいこと。

それはひとことでいうと**「ひとりひとりの人生を楽しくする」**ということです。

NOT A HOTEL代表、濵渦伸次さんのnote

指すことにした。」というｎｏｔｅは同社のビジョンをまとめたものです。この記事には、ビジョンだけでなく、そのきっかけとなったエピソードが書かれています。

子どもの頃、任天堂のゲームにワクワクした。新しいスニーカーを買うとうれしかった。でも、大人になると「楽しみだな」「ワクワクするな」と思えることが少なくなってきた。そこで濵渦さんは、もう一度みんなの「これが欲しい！」とか「これが待ち遠しい！」「楽しみ！」という感覚を取り戻したいと考えたそうです。

本来であれば、こういったミッションやビジョンを発表するようなｎｏｔｅにはあまり反響がありません。社員や関係者が見つけて「社長が書いているからいいねしてあげよう」という人がいる程度。ですが、この記事には「スキ」が２００以上ついています。採用候補者を含めて第三者にもきちんと伝わったはずです。

「応援したくなる企業」になろう

このようにｎｏｔｅを書いていると、自然と応援する人が増えていきます。

もちろん、事業自体が素晴らしいというのもありますが、それに加えて、企業や経営者の「思い」を読んだ人と共有できるからです。

思いを共有できると、その会社に合う人、会社を成長させてくれる人がどんどん入社します。それによって、さらに事業も伸びていく。すると、面白いこと、ワクワクすることがどんどん生まれるので、さらに発信力が増して、強力なスパイラルになっていきます。

また、経営者が何かを始めようとすると、足を引っ張る人が現れることがあります。足を引っ張らないまでも、嫉妬されたり、無視されたりすることもあり得ます。でも**会社が「応援されるモード」になっていればそういうことは起きづらくなる。**むしろ、お客さんだけでなく他の経営者も応援してくれるようになるはずです。

うまくいく企業は「推される」企業である

これからの企業がうまくいくためのキーワードは「推し」です。

企業が「推される」と、事業がうまくいくのはもちろん、優秀な人も集まってきますし、投資も集まるでしょう。逆に「推されない」企業は、たとえ一瞬事業がうまくいっても、採用には不利だし、お金も集まってきません。

うまくいく企業は「推される」企業

では、推される企業になるにはどうすればいいのか？

まずは**事業・プロダクトを磨くこと**です。あたりまえですが、いちばん重要。そもそもの事業やプロダクトが社会に貢献していたり、課題を解決したり、素敵なものじゃないと推してはもらえません。

２つめは**「その事実を伝える」こと**です。「いいものだけ作っていればそれでいい」というほど甘くないのが現代です。競合だって多いし、みんないいものを作っているのは同じ。どこで差別化するかというと、その事実を伝えること。きちんと認知を獲得することです。さらに、裏にある思いやストーリーを伝えられればベスト。「美味しいリンゴ」というよりも「無農薬にこだわった農家が20年かけてたどり着いた美味しいリンゴ」のほうが「推せ」ます。

さらに付け加えるなら、自画自賛しないことも大切です。ことさらに自分たちを褒めたり、派手に宣伝したりするのはむしろ逆効果。**あくまで自分たちのことを素直に語る。事実ベースで伝える。そしてゆくゆくは「自分で言う」のではなく、第三者から「言ってもらえる」ようになれば最高です。**「俺すごいでしょ」よりも「あの人すごいよ」のほうが強力でしょう。それが真の「推される」企業なのです。

なぜ「ストーリー」が効果的なのか？

ストーリーはまるで「ウイルス」

半生も創業期の話も「ストーリー」として伝えることが効果的です。

ここでは少し立ち止まって「なぜストーリーにして伝えるといいのか」を考えてみます。

例えば、聖書というのは「世界一のベストセラー」といっても過言ではないと思いますが、**聖書の中身もストーリー形式**です。『イエスの広告術』（ブルース・バートン著、小林保彦訳）という本には、次のような記述が出てきます。

> イエスは伝えたいことを物語にして伝えようとした。イエスが生きていたら、そこらの教師やリーダーとは違うやり方をしたはずだ。普通のやり方なら次のようになる。

「自分にするように、人にも親切にしなさい。人生で道づれになった人を思いやりなさい。不幸な人を見たらいつでも手を貸してあげなさい。」

こう言ったら、イエスは人に覚えられていただろうか。これを弟子たちが記録しただろうか。イエスの名が今日まで残っていただろうか。イエスは人間の心の法則、習性をわきまえた、いわばその道の達人だった。だからそんなありきたりのことなど言わず、もっと印象的な光景を描いてみせた。

「ある人がエルサレムからエリコへ下っていく途中、強盗におそわれた。」

誰でもわかる言葉、誰でも思い浮かべることのできる光景である。エルサレムかエリコの近くに住む人や、その道をよく往き来する人なら、この不幸な旅人がどうなったか、その先を聞かずにはいられないだろう。

「彼らはその人の着物をはぎとり、打ちのめし、半殺しにしたまま行ってしまった。」

聖書がこれだけ広まったのは、普通に教訓を並べるのではなく、物語を通じて教えを説いているからではないか、と著者は述べています。教訓を人に言って回っただけなら、聖書は今ほど広がっていないかもしれない。

ストーリーにして、臨場感を生み出すことで「その後、どうなったんだろう？」と続きが気になりますし、心に残ります。何より人に話したくなる。ただの情報であったら、そんなことは起きません。

聖書のみならず、神話も、昔話も、童話も、物語だからこそ記憶に残るし、まわりの人に伝えたくなる。だからストーリーはまるで「ウイルス」のように伝染していくのです。

また『ストーリーが世界を滅ぼす』（ジョナサン・ゴットシャル著、月谷真紀訳）という本には、次のような記述があります。

フィクションに没入しているとき、私たちは実在の人々に対してとまったく同様に登場人物についての見解を形成し、集団全体にその見解を広げる。異性愛者の視聴者は『ウィル＆グレイス』『モダン・ファミリー』『シッツ・クリーク』のようなドラマで好感の持てるゲイの登場人物を見ているうちに、彼らを応援し、共感するようになる。それが現実の世界にいるゲイの人々への態度を形成していく。

〈中略〉

何より心強いのは、偏見の低減を狙った標準的アプローチであるダイバーシティ教

育などにはこれほどの成果が見られなかったのに比べ、ドラマは効果が確実で長続きすると思われることだ。

たとえば「黒人を差別してはいけません」「多様性を受け入れましょう」「偏見をやめましょう」と一生懸命言って教育するよりも、黒人のヒーローが活躍する『ブラックパンサー』などを観て、ストーリーで伝えるほうが効果が高いと著者は述べています。

多様性に関してもそうですし、環境問題やＳＤＧｓでも、啓発の標準的なアプローチは「○○しましょう」または「○○してはいけません」といった教育や、道徳の授業のようになりがちです。それよりも、ドラマやストーリーになったほうが確実に伝わるのです。

ヒトがストーリーとして理解しようとするのは本能

そもそも「ストーリーで理解する」というのは人類のＤＮＡに埋め込まれているのではないかと思っています。

たとえば、次のページの図は何を表していると思いますか？

この図は何を表している?

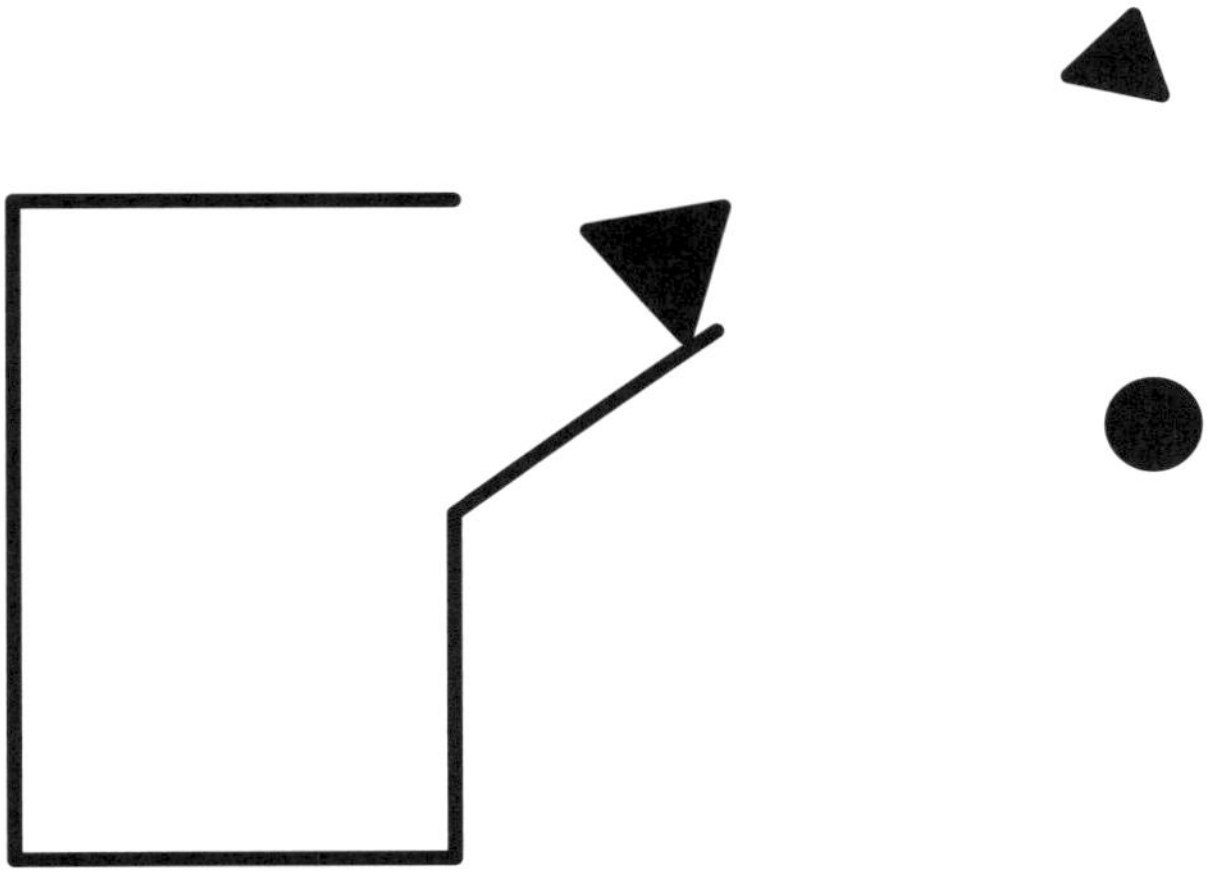

「箱の中から▲が出てきて●に会った」「▲は●に追いかけられていて、家に逃げようとしている」……そう見えた人も多いと思います。

元ネタは、心理学者のハイダーとジンメルによるアニメーションで、図形が動き回る動画です。動画の中では、大きな▲と小さな▲、1つの小さな●の3つの図形が家のようなものに入ったり出たりしながら動いています。

言ってみれば、ただ図形が動いているだけ。それでもこれを見た114人の被験者の大半は「仲良く遊んでいた小さな▲と●を大きな▲がいじめた」「小さな▲が●を救出して、大きな▲を閉じ込めたりしながらうまく逃げ出した」など、擬人化してストーリーとして解釈したそうです。

毎日新聞編集委員の大治朋子氏による著書『人を動かすナラティブ』（毎日新聞出版）では、この動画の実験について「図形が動いているだけなのに、因果関係のナラティブに変換した」とし、これを「認知のクセ」だと言っています。ようするに**「人は何かを見聞きしたときに、ストーリーで理解しようとするのが本能である」**ということです。

さらに同書には、次のような記述もあります。

> 歴史書も教科書も、個々の出来事はどれも断片的で、そのままではなかなか頭に入らない。だがそれらをつないでひとつの「お話」としてのナラティブの形式にしていくと、受け取る者の脳にも収まりやすくなる。

ヒトはストーリーを見出したがる脳のクセがある。であれば、企業の情報であってもなるべくストーリーに近づけてあげることで、多くの人に伝播するはずなのです。

ストーリーの黄金律「ヒーローズ・ジャーニー」

多くの神話に共通する展開とは

主人公は平凡な日常生活を送る「普通の人」だが、何かのきっかけで冒険の旅に誘われたりその必要に迫られたりする。当初は気乗りしないのだが、そのうちに敵が現れたり仲間が登場したりして、やがて大きな困難が待つ冒険の旅に出る。その過程で挫折しそうにもなるが、次第に主人公は精神的な成長を遂げ、最大の難局を乗り越え、大きな成果を上げて日常生活へと戻っていく――。

これは神話学者のジョーゼフ・キャンベルが分析した、多くの神話に共通する「ヒーローズ・ジャーニー（英雄たちの旅）」という典型的なストーリー展開です。

「ストーリーの黄金律」と言ってもいいと思いますが、たしかに考えてみれば多くの記憶に残るストーリーはこの法則に当てはまるものが多くあります。「鬼滅の刃」や「ドラゴンボール」「ONE PIECE」などの作品は、普通の人（と言っても、少し異才ではありますが）が冒険に出て、成長していく物語です。**「ドラえもん」も特に映画版では、のび太という普通の人が冒険に出て、挫折しそうになりながらも成長を遂げ、再び日常に戻っていくという流れが定番**です。

自分と似ているから共感を呼ぶ

こうしたストーリーは、記憶に残るだけでなく、共感を呼び起こします。共感を呼び起こすから、記憶に残るとも言えるかもしれません。

なぜ、共感できるのか？　ポイントは「普通の人である」ということです。

もし物語の主人公が大金持ちだったり超能力者だったりしたら「自分とは関係ない世界の話だな」と思ってしまって、共感しづらいでしょう。でも、主人公が落ちこぼれの学生だったり、冴えないサラリーマンだったり、人生に悩むどこにでもいそうな若者だったら、ちょっと気になります。そしてそういう主人公が冒険に出て成長していく物語だったら、自然と興味がわくでしょう。

最初から大金持ちの人の話は興味がわきませんが、普通のサラリーマン家庭に育った、成績もそこそこの青年がやがて大金持ちになっていく話なら読んでみたいと思えます。

だから経営者のストーリーも、**まだうまくいっていなかった頃の話、ぜんぜん冴えなかった時代の話から書くと魅力的になります。**

弱い部分、カッコ悪い部分は魅力的

スポーツ分野のマーケティング会社、プラスクラス・スポーツ・インキュベーション代表の平地大樹さんは、「バスケでプロになるはずが、気づけば腹痛でトイレにこもる会社員になっていた」というタイトルのｎｏｔｅを公開しています。

誰しも「本当の俺はこんなもんじゃない」とか「私はもっとすごくなるはずだったのに！」などと考えたことが一度はあるでしょう。「バスケでプロになるはずが」という部分は多くの人の共感を呼んだはずです。中盤には、平地さんがトイレにこもるシーンがあります。プレッシャーで腹痛になってトイレにこもっている姿は弱々しく、つい共感してし

Photo by sono_note

バスケでプロになるはずが、気づけば腹痛でトイレにこもる会社員になっていた

♥ 2,520

平地 大樹（ひらちたいじゅ）／プラスクラス代表取締役
2021年11月12日 12:01 フォローする

ぼくはプロバスケ選手になるはずだった。

小学生のころから夢はバスケ選手。中学時代は、関東圏のガードの中では指折りの選手だといわれ、日本人初のNBAプレーヤー、田臥選手とならんで**「平地か田臥か」**と評されることもあった。将来はプロバスケ選手になると、自分も周囲も疑わなかった。

でも、現実はそう甘くなかった。

夢だったプロにはなりきれなかった。転職した会社では、慣れない仕事に精神的に追い込まれ、リストラも経験した。

それでもいま、ぼくは自分のことを心から幸せ者だと思う。

プラスクラス・スポーツ・インキュベーション代表、平地大樹さんのnote

まいます。

誰もが持っているような弱さ、嫉妬心、怒りを抱えている「普通の人」が、会社を立ち上げて冒険の旅に出て、挑戦していく姿は「ヒーローズ・ジャーニー」そのものです。

次のページにあるオークネット代表の藤崎慎一郎さんのｎｏｔｅも同じような構造です。

この記事は「社長を任せようと思う」と当時の社長に突然言われて、「これからどうすっかなぁ」と思うところから始まります。前日は飲みすぎていたそうで、酔い覚ましにレッドブルを3本飲みながら悩むシーンが続きます。ただ、その後社長になった藤崎さんは業績を伸ばし続けて過去最高益を達成するのです。

まさに「普通の人が何かのきっかけで冒険の旅に出る必要に迫られる」「当初は気乗りしない」といった部分が当てはまるヒーローズ・ジャーニーです。

ヒーローズ・ジャーニーの条件とこれらの事例からわかることは、**弱い部分やカッコ悪いところを見せたほうが、共感してもらえる**ということです。そして、それらはわざとらしく見せるのではなく「本心である」ということも大事です。わざわざ弱さを強調する必要はありませんが、それが本当なのであれば素直に出したほうが共感を呼びますし、信頼してもらえます。

Photo by 950am

売上360億円の上場企業は、父が売った「１台の車」から始まった

1,729

藤崎慎一郎／株式会社オークネット 代表取締役社長
2022年6月24日 11:35 フォローする

私はいま、父が創業した会社の社長をやっています。

継ぐことになった「オークネット」という会社は、**創業37年、売上360億円、グループ社員数850人**の東証プライム上場企業。

社長就任を告げられたのは、私にとっては突然でした。

３年前、私が44歳のとき。「大事な話がある」と当時の社長に呼ばれました。

前の日に飲み過ぎていたので「ちょっと頭痛いな……」と思いながら「はい、なんでしょうか？」と聞くと、こう言われたのです。

「来年から会社を任せようと思う。外部の社長をとることも考えたけど、あなたにすることに決めたよ」

オークネット代表、藤崎慎一郎さんのnote

気候変動の問題は物語として出来が悪い？

余談ではありますが、ストーリーに関して面白い話があるのでシェアします。気候変動の問題はなかなか解決せず、地球の温暖化はどんどん進んでいます。対応が進んでいない理由として「気候変動は物語として非常に出来が悪いから」という説があるそうです。前述した『ストーリーが世界を滅ぼす』にはこうあります。

地球温暖化への対応がなかなか進まない理由は気候変動が物語として非常に出来が悪いからだ、という有力な説がある。研究者によれば、明確に定められたヒーローと悪者が登場し、明確で今そこにある危険をドラマ化して私たちを夢中にさせるのが、最もよくできた物語だという。氷河が1滴ずつ退行していくペースで展開する地球物理学現象は、それとはほど遠い。もちろん、石油会社の重役を悪者に、環境活動家をヒーローに仕立てた物語は語れるが、本当の主役はキャラクター化しづらい。主役は、（あなたや私のように）加害者であると同時に被害者になる可能性もある人類という統計上の漠然とした大集団、あるいは抽象的な地球物理学現象なのだ。

たしかに気候変動の問題には、ヒーローと悪者が登場しません。海氷の縮小によりホッキョクグマの生息が危ういと言われていますが、「少しずつ状況が悪くなっていく」という様子は物語としてイマイチなのかもしれません。

「気候変動のせいで地球最期の日がやってくる」ということは将来ありえるかもしれません。でも、映画などでよく描かれているのは、宇宙人の侵略やゾンビ、細菌、ウイルスなどによる地球の終わりです。そのほうが「面白い」からでしょう。

誰もが「気候変動を止めるべきだ」と思っているはずなのに、こんなに対策が進まないというのは、そこまで人々の心に響いていないからなのでしょうか。真綿で首を締められていくような現状をなんとか変えたいものです。

「採用」に効くコンテンツの作り方

厳しくなる一方の採用環境

僕がお声がけいただくきっかけとして最近多いのがやはり「採用に困っている」というものです。具体的には「応募者が少ない」「知名度が低くて見つけてもらえない」「応募はあってもミスマッチが多く離職者も多い」といったもの。多くの企業がビズリーチやウォンテッドリーなどの採用エージェントに頼っていますが、それでもいい人が集まらない。そこで、僕らにご相談いただくケースが増えているのです。

当然ながら、同業他社も同じように採用エージェントに頼っているわけです。そのなかで自社を選んでもらうためには、何らかの「差別化」をする必要がある。僕らはエージェントに頼る前に、まず「会社について知ってもらい、信頼してもらい、好きになってもらう」ことが大切だとお伝えしています。

「採用＝恋愛」

よく言われるたとえかもしれませんが、採用というのは恋愛みたいなものです。

恋愛は、まず相手に自分の存在を認識してもらって、信頼してもらい、好きになってもらう必要があります。

採用活動も同じです。**無数にある会社のなかから自分の会社を認識してもらい、信頼してもらい、「ここで働きたい」と思ってもらう。**難しいように思えますが、次の3つのステップを踏むことさえできれば、会社に合った人に入社してもらえるはずです。

① 知ってもらう
② 信頼してもらう
③ 好きになってもらう

採用活動は恋愛と同じ

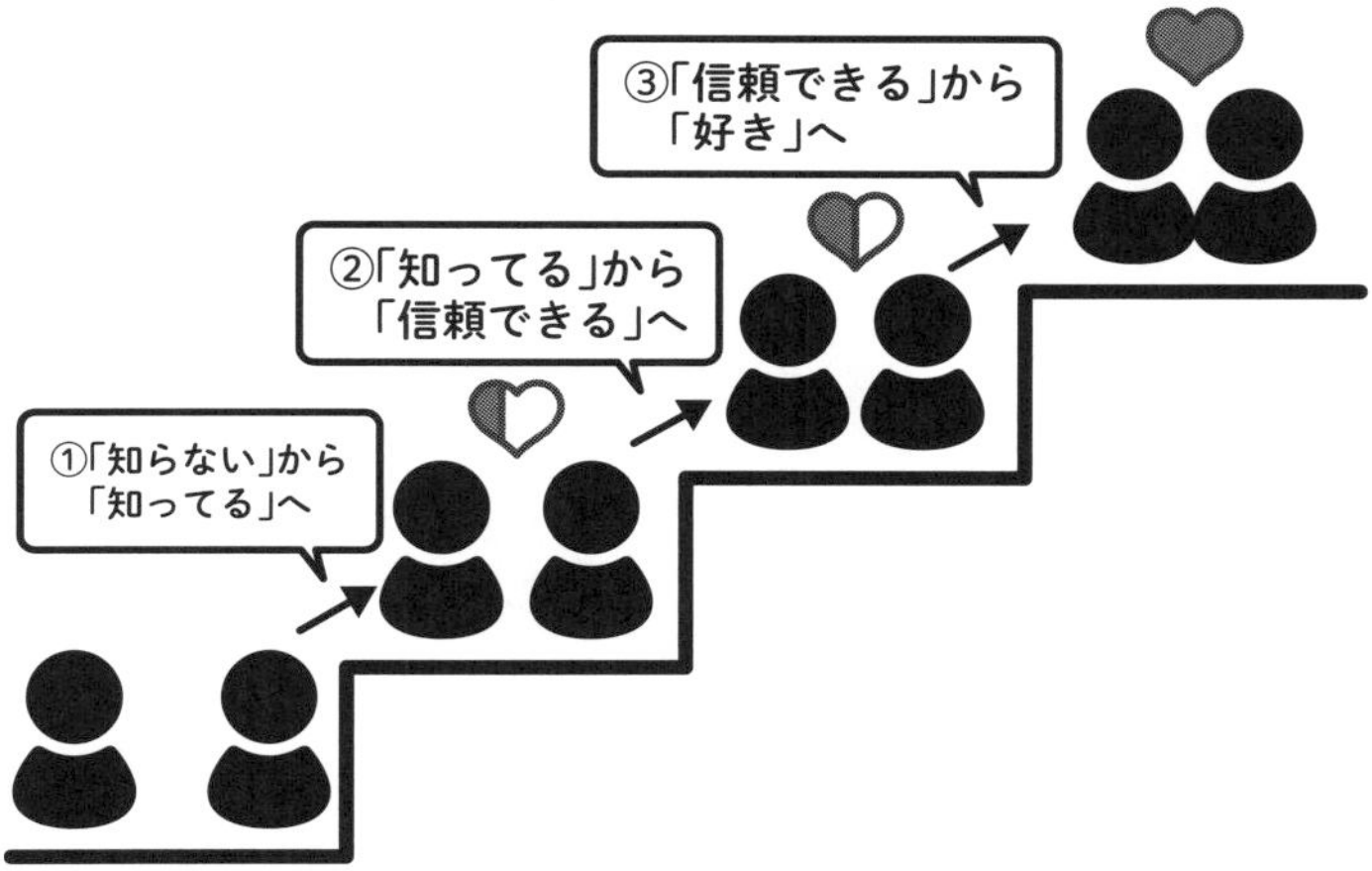
①「知らない」から「知ってる」へ
②「知ってる」から「信頼できる」へ
③「信頼できる」から「好き」へ

「知らない企業」に応募はできない

採用候補者は「知らない企業」に応募することはできません。よって、まずは少なくとも「名前を聞いたことがある」「なんとなく存在を認識している」という会社になる必要があります。

「知らない会社」から「知っている会社」になる。つまり「認知の壁を越える」ためにはどうすればいいか？　ポイントは、**何が何でも読者との接点を作る**ことです。経営者や企業と採用候補者の「接点」を見つけて、それについてのコンテンツを発信するのです。

読者との接点を作りたいときは、「役立つ」という角度から切り込んでいくのも効果的な手段です。具体的に言うと、仕事術、キャリア論、経営論、勉強法といったノウハウです。考えてみれば、仮に全く知らない人であっても何か自分に役立つことを教えてくれる人のコンテンツであれば読みますし、それはだんだんと信用に変わっていくのではないでしょうか。営業のノウハウ、ブランディングのノウハウ、社内コミュニケーションの取り方、組織論、リーダー論など、企業や経営者のノウハウをまとめてみましょう。

ノウハウは「呼び水」である

組織コンサルティングの会社なら「どうやったら会社がうまく回るか？」「リーダーの仕事とは何なのか？」といったことをコンテンツにすれば、多くのビジネスパーソンが振り向いてくれます。

「うちにはそんなノウハウなんてないよ」という場合は、視野を広げて業界の話をするのもいいでしょう。自社の話をするのではなく、業界の話をする。そうすれば、同じ業界の人は気になって読んでくれますし、他の業界の人も見にきてくれるはずです。自分たちの業界ではあたりまえのことでも、別の業界から見ると新鮮だったり、驚きがあったりするからです。

ノウハウを発信するときのコツは「読んでもらおう」と力むのではなく**「どう書いたら面の向こうの人が喜んでくれるかな?」「多くの人の役に立てるかな?」というスタンス**でいることです。そう考えてコンテンツを作ると、結果的に「読んでもらえるコンテンツ」になります。

「いや、別にノウハウを紹介したいわけではない!」という人もいるかもしれませんが、ノウハウというのはあくまで「呼び水」です。まずはノウハウを披露して人に集まってもらい、それから本当に伝えたいことを書いたとしても遅くはありません。

例えば次のページに挙げた「2時間かけてスケジュールを立てれば、勉強も仕事もうまくいく」というnoteは約8万ページビュー、3400以上のスキを獲得していますが、これも「ノウハウ」を披露したからこそ、これだけの耳目を集めることができたのです。

このnoteをきっかけにドリームインキュベータという会社を知った人も多いはずです。

Photo by nyorico0430

２時間かけてスケジュールを立てれば、勉強も仕事もうまくいく

♡ 3,430

三宅孝之
2023年3月28日 11:47

今回お伝えしたいことは**「時間をかけてスケジュールを立てれば、勉強も仕事もうまくいくよ」**という話です。

僕は１週間分のスケジュールを２時間かけて立てていました。日曜日の夜か月曜日の夜に、その週のスケジュールを細かく決めてしまうのです。

こんな話をすると「スケジューリングに２時間もかける必要ある？」と言われます。でも、そこにはちゃんと理由があります。

２時間かけても、その何倍ものリターンがあるのです。

僕はこれまで、何度か真剣に勉強するタイミングがありました。

具体的には、大学受験や大学院受験、国家公務員試験に情報処理技術者試験……。官僚時代には法律の勉強をしましたし、コンサルタントになってからもさまざまな業界やスキルの勉強をしてきました。

ドリームインキュベータ代表、三宅孝之さんのnote

信頼を生み出すためにも過去を語る

認知の壁を越えられても、まだ採用には至りません。「知っている企業」というライバルが多い中から「信頼できる企業」に移行する必要があります。知っている企業だったとしても「なんか怪しいな」「ブラックなんじゃない?」「ちゃんと儲かってるの?」と思われてしまったら、信頼が得られず、求人にエントリーしてもらえません。

信頼を得るために必要なのは、過去を語ることです。具体的には、これまでにご紹介した経営者の半生や創業秘話、社史などを語りましょう。「これまで何をしてきたのか?」を語ることで、信頼は生まれていきます。

恋愛においても同じではないでしょうか? 「その人が過去に何をやってきたのか?」「どういう人生を歩んできたのか?」を知ることで信頼につながります。何も過去がわからない人はどうしても「ちょっと怪しいな」と思ってしまいます。

好きになってもらうために、未来を語る

昔、イタリア人の男性にモテ方を聞いたことがあります。彼はこう言っていました。**「モテない人は卒業アルバムを引っ張り出してきて過去を語る。モテる人は旅行ガイドを出してきて『どこに行きたい？』と聞く」**。つまり、好きになってもらうためには未来を語ることが大切だということです。

過去を語ることは信頼にはつながるかもしれませんが、「好き」とか「これからも一緒にいたい」と思わせることまではできません。採用活動においての「好きになってもらう」とは「ここで働きたい！」と思ってもらうことです。信頼されたとしても、会社のことを好きになってもらえなければエントリーしてもらえません。「この会社の力になりたい」「この会社に入れたら自分らしく働けそう」「この会社で働くと人生が変わりそう」……そう思ってもらう必要があります。

未来を語るとは、企業で言えば「ビジョンを語る」ことです。「この会社は何を成し遂げようとしているのか？」「この会社はどこへ行こうとしているのか？」「この会社はどんな

世界を作ろうとしているのか？」といった未来を語り、採用候補者も同じ未来を描けることができれば、採用につながりますし、ミスマッチも減るはずです。

採用は社長の仕事です

これまでは採用候補者が履歴書を提示して会社に選んでもらっていました。これからは逆です。つまり、企業側が「魅力的な履歴書」を提示して選んでもらわなければいけない。これまで会社は選ぶ側だったのかもしれませんが、今は会社が選ばれる時代なのです。

これまでにお話ししたことは、平たく言えば「企業側もきちんと履歴書を提示しましょう」ということ。履歴書もなしに採用エージェントに頼っても効果は期待できません。ビズリーチもウォンテッドリーもお金がかかります。その効果を最大化するためにも、まずは自社のコアの部分を言語化して、会社の魅力を明示しておくといいでしょう。

魅力的な履歴書を提示せずに採用エージェントにお金を払い続けるのは、イマイチな写真とプロフィールでマッチングアプリに課金し続けるのと同じようなものです。だからこそ「経営者はどういう人なのか？」「どういう人生を歩んできたのか？」「どういう未来を作っていきたいのか？」を提示する必要性があります。

そして何より大切なのは、経営者がしっかりと採用にコミットすることです。**採用は社長の仕事なのです。**ラクスル株式会社の創業者であり、ジョーシス株式会社の社長である松本恭攝《やすかね》さんもLinkedInに英語で記事を投稿することで、優秀なグローバル人材を獲得することに成功しています。例えば「What I learned in 5 years as CEO of a public company」は、ラクスルを上場させた後の5年間、CEOとして学んだことが書かれている記事ですが、この記事には多くの「いいね」と海外の有力な経営層やビジネスパーソンから直接コメントが来ています。

言わずもがな、採用というのは企業にとって大きな投資です。日本人の生涯年収の平均は約2億円。採用した人を定年まで雇用するとそれだけの投資が必要です。もっと言えば、先の見えない時代において優秀な人材を採用することは「経営そのもの」です。よりよい採用をするためにも担当者に丸投げするのではなく、経営者が自分の仕事として前のめりに取り組むことが大切です。そういった会社こそがこの難しい時代に生き残っていけると考えます。

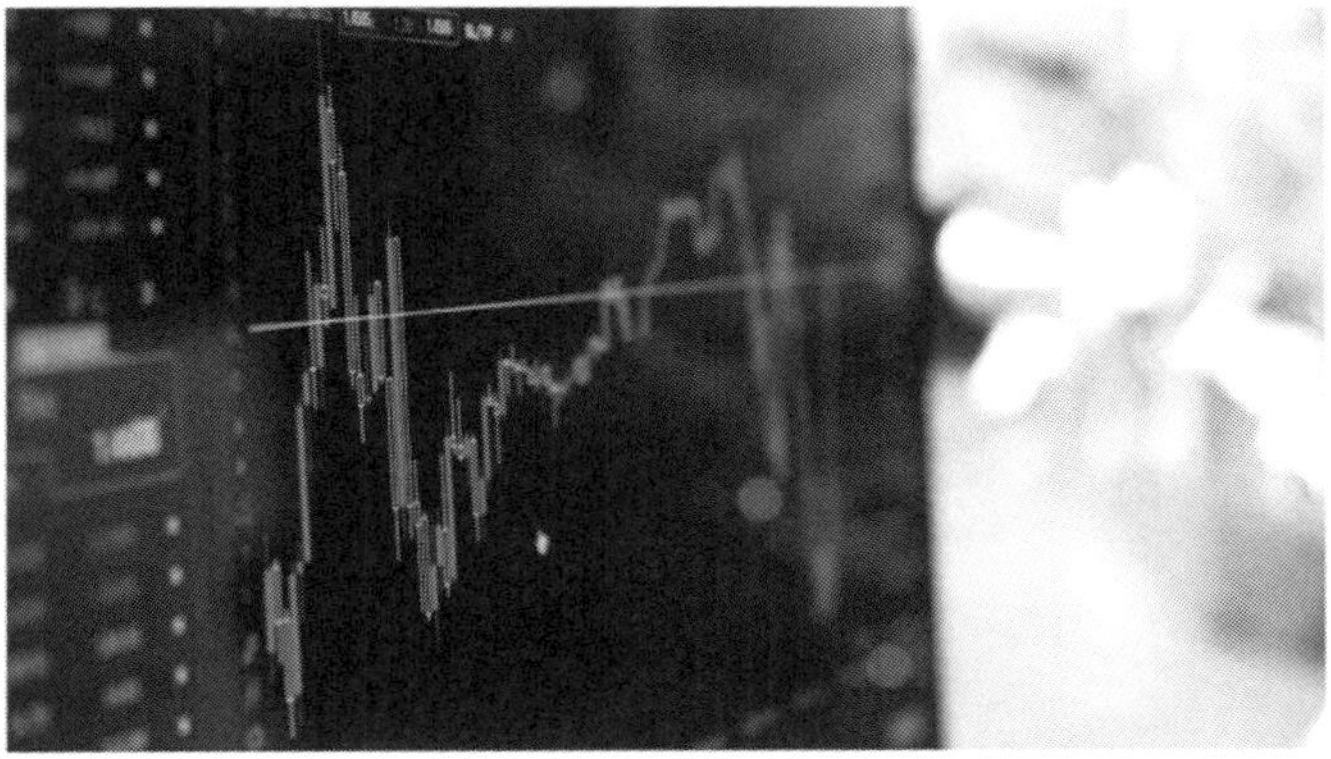

Image by Pexels from Pixabay

What I learned in 5 years as CEO of a public company

Yasukane Matsumoto
Serial entrepreneur / founder and CEO of Josys / founder and chairman of Raksul / YGL class of 2019…

2023年12月27日

I am currently building my latest startup, Josys - a SaaS and device management platform, from scratch. My current management style and approach to company building at Josys is informed by my experiences leading Raksul as a public company for five years. Let me share with you some of what I learned during that time.

The need for 30% growth YoY

While working as a CEO of a public company, there is one thing that has changed drastically from the time when the company was private. That is the relationship with shareholders. After the company went public, the expectations of shareholders became higher. The most challenging and rewarding aspect of this was the expectation that the company would continue to grow at a high level as a high growth

ジョーシス代表、松本恭攝さんのLinkedInの記事

ネタ切れしない！「年間コンテンツマップ」

ノウハウ・ストーリー×過去・現在・未来

僕らが経営者の発信をお手伝いするとき、ベースにしている「コンテンツマップ」があります。コンテンツで心を動かすには「面白いこと」と「役に立つ」のどちらかが必要だという話をしましたが、さらに「個人／法人」、そして「過去／現在／未来」という時間軸でマトリクスを作ると12のテーマが浮かび上がってきます。たとえば「面白い×個人×過去」なら「経営者の半生」、「役に立つ×法人×現在」なら「ビジネスモデルやカルチャー」がコンテンツになるという具合です。

まずこれを1年かけてまとめていくことで、御社に関するコンテンツはわりと網羅できます。

発信する順番はまとめやすいものからでいいのですが、大切なのは**早い段階で「自己紹介」を終えること**です。なによりも「どういう人が発信しているのか？」が明確にならないと聞く耳を持ってもらえないからです。

オススメは、経営者個人の半生から始めて、最後は会社の未来の話をするという流れです。具体的には次のようになります。

経営者の半生↓キャリア論↓日々の出来事↓日々の仕事術↓夢↓人生設計／サバイバル↓社史↓問題解決／ブレイクスルー↓プロジェクトX↓ビジネスモデル／カルチャー↓ミッション／ビジョン↓未来予測／戦略

コンテンツを発信する頻度は、**月に1回程度が理想**です。そのペースでもなかなか大変だとは思いますが、2ヵ月空いてしまうと忘れられてしまう可能性が高いのです。定期的に発信して思い出してもらい、記憶に定着させるためにも月に1回がベストです。

ただ、この12のコンテンツを、12ヵ月間この通りに発信しなくてもいいでしょう。テーマは違っていても内容が被ることも多いからです。たとえば、創業者が経営者の半生を語

経営者個人 ／ 法人別　年間コンテンツ

個人

STORY「面白い」		HOW TO「役に立つ」
経営者の半生	過去	キャリア論
日々の出来事	現在	日々の仕事術
夢	未来	人生設計／サバイバル

法人

STORY「面白い」		HOW TO「役に立つ」
社史	過去	問題解決／ブレイクスルー
プロジェクトX	現在	ビジネスモデル／カルチャー
ミッション／ビジョン	未来	未来予測／戦略

れば、社史と重なる部分も大きい。個人の夢と法人のビジョンが同じという人もいます。このマップはあくまで目安。**次に何を発信するか迷ったら、この図に立ち返ってテーマを見つける**といった使い方をおすすめします。

それぞれのテーマについて、もう少し詳しく説明していきましょう。

【経営者個人の年間コンテンツ】

・**経営者の半生**……いちばん力を入れるべきコンテンツです。最初に「自己紹介」として発信すれば、その後のコンテンツも読んでもらえるようになります。

・**キャリア論**……経営者の半生を「ノウハウ」に落とし込むとキャリア論になります。経営者が考える理想のキャリア設計や、若いころに経験したほうがいいことなどを書いてみましょう。

・**日々の出来事**……最近あった出来事です。旅行をした話、お子さんが小学校に入学した話などでもいいでしょう。お子さんがいれば手紙を書いてみるのもオススメです。「君が二十歳になったときに伝えたいこと」とか「娘に伝えたい、仕事でいちばん大切にすべきこと」といったテーマも面白いと思います。また、自分自身を振り返って「二十歳の自分に教えたかったこと」「20年前の自分に言いたいこと」なども面白いです。

・**日々の仕事術**……仕事の効率を上げる方法、部下に仕事を頼むときのコツなどを書いてみてください。時間術、読書術、勉強法、手帳の使い方などもいいでしょう。自分ではあたりまえにやっていることでも、他人からすると新鮮だったりします。社員や部下に「こうやるといいよ」とアドバイスするように書いてみましょう。

・**夢**……個人の夢です。先ほど説明した「これからどんな世界を実現させたいか」を原体験とともに書きます。これは「経営者の半生」で語っていたとしても、改めて1本の記事にまとめることをおすすめします。あなたのコンテンツをつぶさにチェックしている人などいないので何度同じことを書いてもいいのです。

・**人生設計／サバイバル**……「ビジネスパーソンは今後どうやって生きていくべきか」について書きます。「未来はこうなるから、こういう生き方をしたほうがいいよ」と、未来を予測しつつ、アドバイスをするのです。書きやすくて興味を持つ人が多いのは「ＡＩ時代に身につけるべきスキル」でしょうか。ＡＩが進化していくなかで、どんなスキルを身につけたら乗り切っていけるか、ＡＩに取って代わられない仕事ができるか、といったことを書いてみましょう。

【法人の年間コンテンツ】

・**社史**……第三者の目線でまとめられた社史が一般的ですが、それだと面白みに欠けます。できれば社史も「一人称」で書くことをオススメします。経営者個人の視点で会社の歴史を綴っていくと魅力的なものになります。

・**問題解決／ブレイクスルー**……１３４ページで説明した「軌道に乗ったブレイクスルーなできごと」と同じです。「この出来事がターニングポイントだったな」というものをまとめてみてください。

・**プロジェクトＸ**……商品やサービスの誕生秘話や、プロジェクトの一部始終をまとめてみましょう。

・**ビジネスモデル／カルチャー**……自社のビジネスモデルについて、思うところがあったら書いてみてください。それ自体が「役立つこと」になります。また、自社のカルチャーはどういうものか、どのようにそういったカルチャーを醸成しているか、カルチャーを組織に浸透させる方法などを書くのもいいでしょう。

・**ミッション／ビジョン**……会社としてのミッションを書きます。こちらもなにかエピソードを絡めて書くことができると、なおいいでしょう。

・**未来予測／戦略**……その業界の未来予測やそれを踏まえた自社の戦略を書いてみてください。ＡＩの進化が業界に与える影響を予測して書くのもいいでしょう。

「悩み」にフォーカスすれば企画になる

この「コンテンツマップ」を網羅できたら、経営者や企業にまつわるコンテンツはほぼ揃います。1年間コンテンツ発信を強化したら、「発信の基盤」はできているはずです。**その後は、普通に情報やコンテンツを出していっても届くようになります。**

もし2年目以降もコンテンツで勝負していきたいなら、自分たちで企画を立てて発信していきます。コンテンツの定義は「心が動くこと」でした。心が動くために必要なのが「面白いこと」と「役に立つこと」。朝の番組でたとえるなら「面白い」が「ラヴィット！」で、「役に立つ」が「あさイチ」といった感じでしょうか。

役に立つ企画を考えるうえで有効なのが**「悩み」にフォーカスすること**です。「何かいい企画はないかな？」と考えても、なかなかいい企画は生まれません。それよりも、自分自身の悩み、イラッとしたこと、気になることを洗い出してみる。すると役に立つ企画になりやすいでしょう。たとえば、次のような内容です。

悩み「職場の人間関係がぎくしゃくしていて嫌だな」
←
企画「職場の空気をよくする雑談力」

悩み「異業種交流会が仕事に役立つと思えない」
←
企画「引っ込み思案のあなたが異業種交流会を120％使い倒す方法」

企画を生み出そうとするのではなく、悩みを解決しようとする。悩みを企画に昇華すれば、あらゆる悩みは消えますし、おまけにコンテンツにもなるのでいいことだらけです。

さらに企画に困ったときに意識するといいことを少し紹介します。

会社というのは本来「コンテンツ」の宝庫です。日々、いろんな人がいろんなことを考えながら動いている場所なので、掘ればいろんなものが出てきます。

たとえば営業部のトップセールスの人に話を聞いてみると「セールスのコツ」といったコンテンツになるかもしれません。いくつも案件をとってくるすごい広報の人がいたら「毎日どういう動きをしているのか?」を聞いてみる。仕事が異常に速いスーパーエンジニアがいたら「どうやって仕事を進めているか?」を聞いてみてもいいでしょう。

社内には、たくさんのノウハウや知識が転がっているはずです。それを社外に披露することは自社の強みをアピールすることにもなりますし、優秀な社員が集まっているというブランドにもつながっていくはずです。

経営者には書くべきことがたくさんありますが、とは言え自らネタを生み出すことには限界があります。「もう書くことがないよー」と行き詰まったときに思い出してほしいのが「メディアになれ」ということです。**コンテンツメーカーではなくメディアになって、聞いた話やまわりで起きたできごとについて書けばいい**わけです。

今日読んだ本、今日観た映画、会社で起きたできごと、知り合いの経営者から聞いた話などなど。自らメディアになって、まわりで起きたことを「伝える」人になればネタは永遠に出てくるはずです。

コンテンツを作るときの心構え

本章のラストに「コンテンツを作るときに心得ておいてほしいこと」をお伝えします。

これらは日々社員の編集者に言っていることでもあるので、ハードル高めのアドバイスにはなるのですが、これらを知っておくのと知らないのとでは発信のパワーが変わってきます。「ああ、編集者はそういうスタンスでやってるんだな」ということを理解していただければと思います。

「誰も読んでくれない」を前提にする

まず大切なのは「誰も読んでくれない」という前提に立つことです。

僕が出版の世界からビジネスの世界に出てみてちょっとだけ驚いたのは、**多くの人が「読んでくれる」という前提で情報発信しているる**ということでした。プレスリリースだったり、社員インタビューだったり、社長とタレントとの謎の対談だったり……。その多くが読まれていない。話題になっていない。

もちろん媒体に出ること自体がブランディングになる面もあると思うのですが「読まれているかどうか？」「届いているか？」という観点からすると、ちょっと厳しいなと思ってしまうわけです。

本の編集者の多くは売れない本を作った経験があります。最初は当然「これは話題になるぞ！」「売れるぞ！」と思って作るわけですが、いざ蓋を開けてみると、ぜんぜん売れない。「なんで売れないんだ!!」「こんなにおもしろいのに!!」という悔しい経験を積んでいくなかで、だんだん「もしかして、これ、誰も読んでくれないんじゃないか……」と思うようになっていき、いつしか編集者は「誰も読んでくれない」という前提で考えるようになります。だからこそ**「無関心の人にいかに関心を持ってもらえるか」をすごく考えるようになる**のです。

もちろんコンテンツを生業とする出版社と事業会社は違うのですが、読者からすれば関係ありません。出版社の発信だろうが企業の発信だろうが関係ない。あらゆるコンテンツが横並びになっていく中で企業の発信を届けるのは難しくなる一方です。ただ裏を返せば、きちんとコンテンツになっていれば読まれるということ。実は企業にとってはチャンスでもあるのです。

「企業側の都合」で考えている限り届かない

僕が日々クライアントに伝えているのは**「企業の発信というのは、思っている5倍くらい届かないですよ」**ということです。だからなるべくわかりやすく、面白くしなければいけません。

そう言い続けても企業の発信がなかなか面白くならないのには原因があります。それは「企業側の都合」で発信を組み立てているからです。社員を紹介したいから社員を紹介する。事業を紹介したいから事業を紹介する。成功例は出したいけど失敗例は出したくない。事例を出すのはいいけど固有名詞は出したくない。これを言うとあの部署に角が立つ。あれを言うとあの人に角が立つ。それらは全部「企業側の都合」です。これでは永遠に届きません。

企業の発信は、たいてい軸足が「発信者側」にあることに気づきます。「サービス開始のお知らせ」「こんな事業を始めます」「資金調達しました」「採用強化中です」……これらはすべて、企業側・発信者側に軸足があります。

これは、しょうがないことなのかもしれません。編集者と違って、企業の中の人はずっと同じビルで1日を過ごしています。しゃべる相手も同じ会社の社員だったり、上司だったりする。基本的には自分の会社に関係のある人としかコミュニケーションをとっていないわけです。だから、軸足がどうしても「企業側」になってしまう。その状態で「読者のことを考えよう」というのは、構造上なかなか難しい。

ただ何度も言うように、それが普通だからこそ、**読者側に軸足を置くだけで他社とは一線を画した発信ができる**のです。

あなたが読まないものは、他人も読まない

「面白くする」と言っても、どれくらい面白くすべきなのでしょうか？

基準としては「あなたが」面白いと思うコンテンツを発信することです。企業の発信になると、なぜか「とりあえず書いたから読んでください」というスタンスになってしまう

自分が「良い」と思わないものは、他人も「良い」と思わない

人が多くなります。「公開すればみんな読んでくれるはず」と思ってしまう。そんなわけはありません。「あの人、一生懸命書いてるから読んであげよう」という人は残念ながらいないのです。

僕はレストランを例に出して、こんな話をします。

レストランでは「シェフ自身が」美味しいと思う料理が出てきます。「美味しいかはわからないけど、どうぞ」「味見してないけど食べてみて」と言って料理を出すレストランはありません。同じようにコンテンツにおいても、自分が面白いと思えるものを出すべきなのです。**「はたしてこれは自分が読者だったら読むだろうか?」**「僕が読者だったらこれを面白いと思うだろうか？」そう考え始めた瞬間から、コンテンツの魅力はグッと上がっていきます。

「誰をターゲットにすればいいでしょうか？」という質問もたまにありますが、僕がコンテンツを作るときには「自分」というターゲットに届けることしか考えていません。それで十分です。むしろ自分が「これは読む」というものができれば8〜9割はカバーできているはずです。人それぞれ感じ方に多少の差はありますが「わかりやすい」とか「面白い」と思う人の感性は8〜9割被っている実感があります。僕が面白いと思ったものは僕以外の人も面白いと思うはずなのです。

逆に**「自分は読まないけど、あの人なら読むんじゃないか」「自分は面白いとは思わないけど、こういう人なら読むんじゃないか」という姿勢でいると、誰にも届かなくなる危険性があります**。専門性の高い話であれば他人をターゲットにしても届くかもしれませんが、一般的なコンテンツであれば自分をターゲットにするのがいちばんです。

発信者と受信者の「接点」を探る

それを踏まえて、編集者が何をしているのかと言うと「発信者と受信者の接点を探る」ということです。

僕は「編集とはなんですか？」と聞かれたら、こう答えます。**「発信者が伝えたいこと」と「読者が知りたいこと」の重なる部分をコンテンツ化すること**です、と。

前提として、人間は自分（と自分の家族）に関わることにしか興味がありません。朝起きていちばんに他人のことを考えたりする人は稀です。朝起きたら「会社行きたくないなー」とか「今日もあの上司に会わなきゃいけないのか」「だるいなー」などと思うのが人間です。自分のことがもう99％。

「じゃあ、接点なんて見つからないじゃないか！」「関心を持ってもらえないじゃないか！」と諦めそうになりますが「人が自分にしか興味がない」というのは、めちゃくちゃチャンスでもあります。

裏を返せば**「これは自分に関するものだ」と認識さえしてもらえれば、絶対に読んでもらえる**からです。自分にとってプラスであると認識してもらえれば、門戸が開かれる。じゃあ「自分にとってプラスになるもの」はどういうものなのか？ それが本書で再三繰り返している「面白い」と「役に立つ」なのです。

主観と客観を意識する

コンテンツを制作するときは「主観と客観を行き来する」こともとても大切です。

文章を編集しているとき、人は主観が強くなります。これはあたりまえのことです。「この話は面白いな」「このノウハウは役に立つだろうな」と思いながら、コンテンツを作っていく。むしろ最初の段階では、この「主観」が重要です。「これは伝えたい！」という思いこそがコンテンツに熱を帯びさせるからです。

ただ一方で、少し時間を置いて、それを客観的に見ることも同時に大切だったりします。「これは本当に面白いのか？」「他の人でも言えることじゃないか？」といったん冷静になってみるのです。この**主観と客観の行ったり来たりがあると、コンテンツはどんどん磨かれて、よくなっていきます。**

「これは面白い！」という主観だけでコンテンツを作ると、独りよがりのものになってしまい、広く届きません。逆に客観的すぎると、そもそも熱が帯びませんし、何も言えなくなってしまいます。眼前のコンテンツに没頭して集中することも重要ですし、一方で俯瞰で見て「果たしてこれは面白いのか?」と考えることも重要なのです。

ちなみに編集者の価値をひとことで言うなら、この「客観性」だと思っています。最初は発信者にすごく関心を持って、寄り添って、グーっと深く深く潜っていきます。だけど次の日には「ここが足りない」「ここがわかりにくい」「これって本当に面白いのだろうか?」と冷静になるのが編集者です。

一人で主観と客観をやるのは難しいことではあるのですが、書いたら1日寝かせてみて「他人が書いたもの」として読んでみると冷静に改善点が見つかったりします。

炎上は、するほうが難しい

「炎上」についても少し書いておきます。

「SNSで発信する」と聞くと脊髄反射のように「炎上するのではないか?」と考える人がいますが、怖がりすぎです。

炎上とは飛行機事故に遭うようなもの、というのが持論です。

飛行機事故に遭う確率は限りなく0に近いのですが、たった1つのケースがセンセー

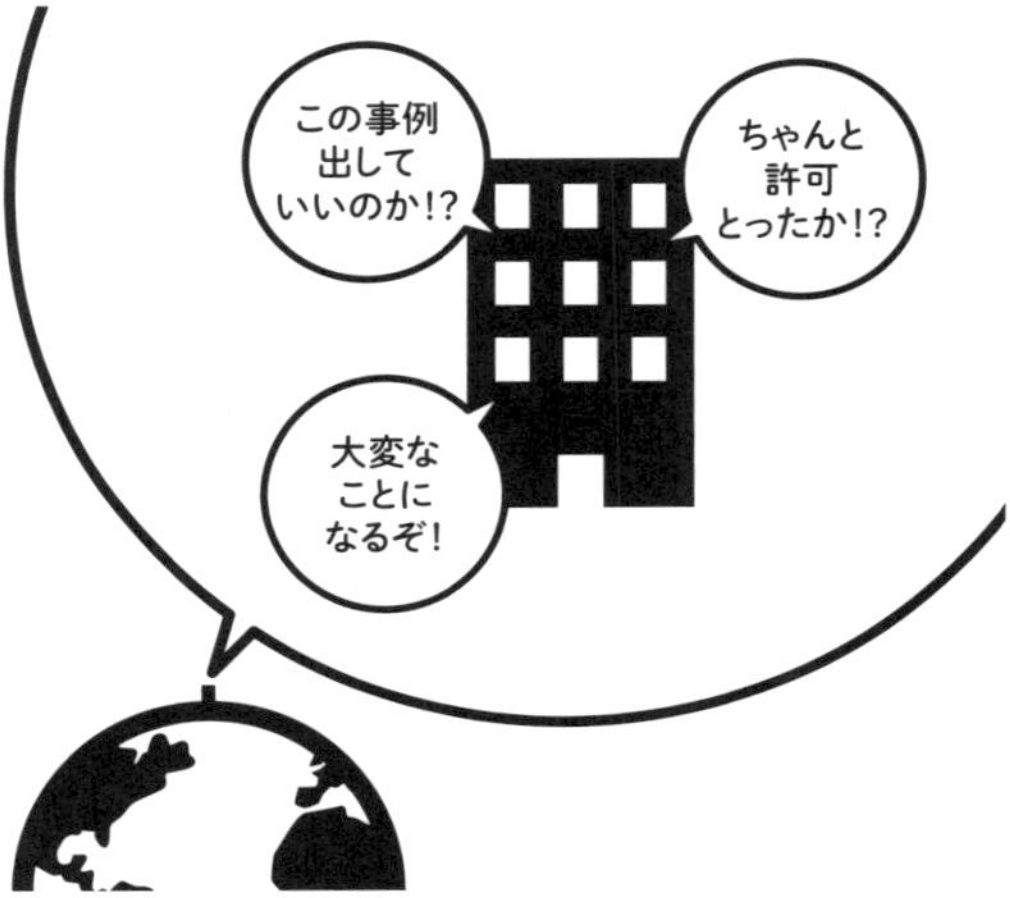

「世界は広い」ということを忘れてはいけない

ショナルで、見た目が衝撃的だからバイアスがかかってしまうのです。企業の炎上も似ています。企業が追い込まれたり、裁判になったりするほどの炎上は滅多にありません。そもそも世の中には無数の発信があり、そのうちの炎上したたった1つが多くの人に届いているわけです。特にSNSでは、そのたった1つの炎上が、まるで社会全体を表しているようにも見えてしまう。それが繰り返し自分のタイムラインに流れるので「発信したら炎上するのではないか」と考えてしまうのです。

そもそも炎上するのはすごいことです。炎上したくてもできないくらい、人に関心を持ってもらうのは大変なこと。炎上のリスクは僕の感覚的には0・001％ぐらいです。

企業が炎上を恐れる様子をイラストにすると前のページのような感じです。ビルの中では「あの部署に迷惑が……！」などと大騒ぎしているのですが、グーッとカメラを引いていくとものすごく広い世界があるわけです。本当に小さな小さなところで炎上を恐れて大騒ぎしているだけなのです。たしかに**毎日ずっと会社の中にいたら、そこが「世界のすべて」のように感じてしまうかもしれません。**でも、それこそ先述した「企業側の都合」なのです。視野が狭くなり炎上が怖くなったら、このイラストを思い出してほしいと思います。

もちろん、本当に炎上する可能性は0ではありません。ただ、炎上を恐れるマインドがある時点で大丈夫なのではないかという気がしています（実は本当に危ないのは「俺は炎上しないだろう」と過信している人です）。

即削除、即謝罪

とはいえ、万が一炎上したらどうすべきなのでしょうか？

答えは**「すぐ削除してすぐ謝る」**です。

ヤフー会長の川邊健太郎さんも、炎上に対しては「即座に削除」「全面降伏、全面謝罪、徹底反省」と言っていました。僕もこれしかないように思います。

こちらにどんな主張があったとしても、炎上した時点で何かしらの誤解を生んだわけです。それは事実なので、まずは削除です。よく「削除してはいけない」と思っている人もいますが、削除しないとどんどん広がっていきます。もちろんスクショが出回ることもあるのですが「削除した」という事実が大切なのです。意地を張って削除しないとどんどん悪化していきます。「削除したら不誠実だと思われて、もっと炎上しそう」と思うかもしれませんが逆です。投稿を削除したことを説明しつつ、謝罪をすればそこで終わるはずです。下手に言い訳をせず、全面的に謝れば火は消えるはずです。

かつてユーチューバーのＨＩＫＡＫＩＮさんは、スキャンダルがあったとき、自身のYouTubeチャンネルですぐに謝罪動画をアップしました。動画によると疑惑は「シロ」だったようですが、黒のスーツを着て深々と頭を下げる姿に「そこまでしなくていいのに……」と多くの人が思ったはずです。悪いことはしていないのに謝らなければいけないなんて理不尽だなと僕も思いますが、この**「そこまでしなくても」と多くの人が思えば炎上**

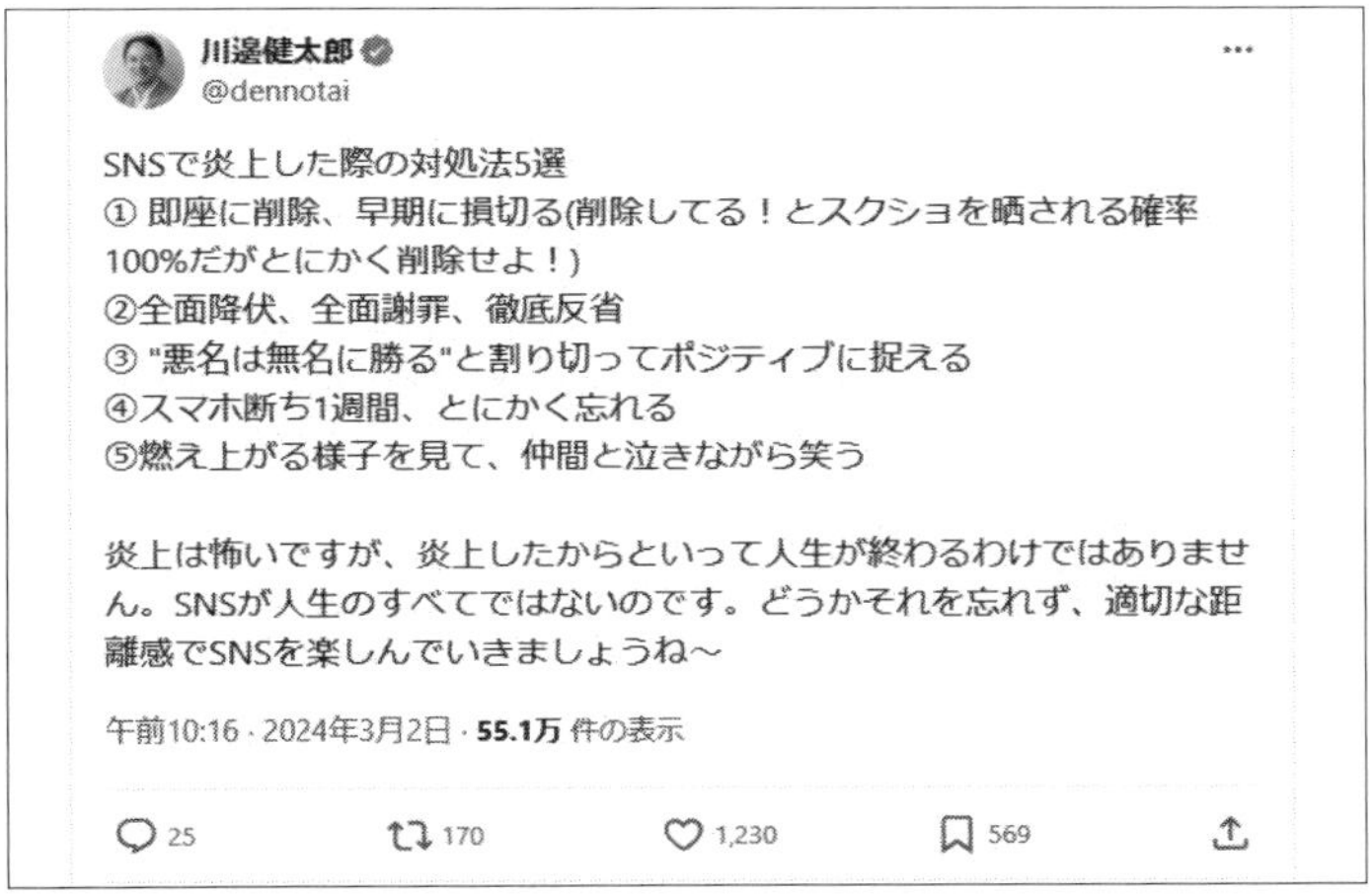
川邊健太郎
@dennotai

SNSで炎上した際の対処法5選
① 即座に削除、早期に損切る(削除してる！とスクショを晒される確率100%だがとにかく削除せよ！)
②全面降伏、全面謝罪、徹底反省
③ "悪名は無名に勝る"と割り切ってポジティブに捉える
④スマホ断ち1週間、とにかく忘れる
⑤燃え上がる様子を見て、仲間と泣きながら笑う

炎上は怖いですが、炎上したからといって人生が終わるわけではありません。SNSが人生のすべてではないのです。どうかそれを忘れず、適切な距離感でSNSを楽しんでいきましょうね～

午前10:16 · 2024年3月2日 · **55.1万** 件の表示

25　170　1,230　569

川邊健太郎さんの投稿

は終わります。むしろ今度は、それでもしつこく追求する人に矛先が向かうようになります。

炎上したら、即削除、即謝罪。これが対応としては最適でしょう。

発信は不特定多数の人に見られるので、どうしたってリスクは0にはなりません。何を発信しても思わぬところで不快感を抱かれてしまうことはあるでしょう。「これを言ったらあの人がなんて思うかな」「偉そうに見えないかな」と考えてしまいますが、リスクがあるからといって発信しなければ何も始まらないのも事実です。

経営者からしてみれば、起業したこともリスク、人を雇うのもリスク、事業を始め

るのもリスクです。誰でも生まれてからリスクだらけの中で生きてきたはず。口は災いのもとと言うように、何か言葉を発することはどうしてもリスクを伴います。だからといって口をつぐんでしまっては何も進まない。

これまでにお伝えしてきたように、経営者の発信には圧倒的な価値があります。ぜひ「これを伝えるんだ」という気持ちで発信を続けてほしいと思います。

第5章

コンテンツ作りは「取材」が9割

取材の前にやるべきこと

ここまでは主に経営者自身がコンテンツを作る前提でお話ししてきましたが、前に述べたように**「自分のことを自分で書くのは難しい」**のも現実です。

それに、経営者は発信以外にも重要な業務が山ほどあります。以前「なかなかｎｏｔｅがまとまらなくて、1ヵ月くらい下書きをいじくりまわした挙句、出すのを断念した」という経営者に出会いました。書くことで「言語化」まではしているので下書きの時間にも意味はあると思うのですが、やはり時間がもったいないと言わざるを得ません。

そこで「誰かに取材してもらいましょう」という提案をします。**まわりにいる広報担当や秘書、社員の方に取材してもらう**のです。

この章では、経営者のまわりにいる人向けに取材のやり方を解説していきます（もし取材してもらう人が見つからなければ、自分で自分を取材する意識でやってみましょう）。

すでにある情報を入れておく

まずは取材の準備です。次のことは最低限やっておきましょう。

・自社のサイトを改めて見てみる
・自社の採用ページを見てみる
・自社の業界についてざっと把握しておく
・自社と経営者のＳＮＳがあればチェックする
・経営者のインタビュー記事があれば読んでおく
・YouTubeなどの動画があれば見ておく
・創業時のエピソードについてもわかる範囲で把握しておく
・わかる範囲で会社の沿革、経営者の年表を作っておく

ここまでやっておくと基礎的な情報のみならず「経営者がどういう価値観を持っている

のか」「何を大事にしているのか」がぼんやりと見えてくるはずです。

全体を通して大切なのは、**興味を持って調べる**ことです。

無理に「興味を持とう」と思わなくても、少し調べ始めると面白くなってきて、さらに興味が湧いてくるものです。経営者も人間なので、多くの人と同じように悩んだり迷ったりしているはずです。よって「経営者の情報を仕入れる」というよりも「経営者をやっている人間について調べる」イメージで準備を進めていきましょう。**取材者が楽しんでいれば、読者にも楽しんでもらえるコンテンツができる**はずです。

5つくらいの質問を用意する

事前に準備しておく質問は、そんなに多くなくていいでしょう。1時間の取材なら3〜5個程度が適切です。むしろ質問が多すぎると「一問一答」のようになってしまい、取材にドライブ感が出ません。そうではなく、**質問をして返ってきた答えをそれぞれ深掘りしていくほうが盛り上がります**。また、事前に質問を送っておくと丁寧ではありますが、予定調和になったり「定番のいつもの話」になったりしがちなので、できれば「ぶっつけ本番」が望ましいでしょう。

質問は送らずに、取材の冒頭で「今日は就活と新卒入社した1社目のときのお話についてお聞きします。それでもまだ時間があれば、創業するまでのお話もお聞きしたいです」と取材の流れを伝えておけば安心してもらえますし、お互いにやりやすくなります。また、事前に作った「経営者の年表」でわからないことが多ければ、取材の冒頭10分ほどは年表を埋める時間に当ててみてもいいでしょう。

質問をいくつか用意したら、**1時間の取材のだいたいの流れをイメージ**しておきます。

経営者にも饒舌に話すタイプやポツポツとしか話さないタイプなどいろいろいらっしゃいます。1時間の取材の中で「20分ずつ3問聞こう」と考えていたのに、ポツポツとしか話してもらえなくて5分で終わってしまった……ということもあり得ます。逆にいろいろ聞きたいことがあったのに社内的な話題で盛り上がってしまい、聞きたい話が聞けなかったというケースもあります。

そこであらゆるケースを想定して、2〜3のプランを描いておくと安心です。ポツポツ話すタイプであれば質問は多めに用意しておく。すぐに脱線するタイプであれば(脱線自体は悪いことではないのですが)上手な切り上げ方を考えておく。あらかじめ取材のイメージができていると落ち着いて臨むことができます。

ICレコーダーと紙のノートを用意する

取材のために準備するアイテムは「ICレコーダーと紙のノート」です。

今はスマホでも録音はできるのですが、途中で電話がかかってきたり、調べものをしたりすることもあるので、録音をするための「ICレコーダー」を用意できるとベストです。ICレコーダーがあると「取材感」が出るので、お互いのテンションが上がるという効果もあります。

また、取材中にパソコンでメモをとる人も多いと思いますが、目の前にパソコンがあると気が散りますし、「ちゃんと聞いてくれているのかな?」と不安にさせてしまったりもするのであまりオススメしていません。また経営者とのあいだに「小さな壁」ができてしまうので、心理的にも距離ができてしまいます。

僕はなるべく紙のノートに質問をいくつか書いておき、そこにメモをするようにしています。取材中は話の中で出てきたキーワードもメモしますが、大切なのは**「あとで質問し**

たいこと」をメモしておくことです。取材していると、話を聞いている最中に「あれ?それってどういうことだろう」と疑問が浮かぶことがあります。相手が気持ちよく話しているときに、遮って質問してしまうとリズムが崩れます。よって、相手が話し終わってから質問できるようにさっとメモしておくのです。そうすれば、目の前の話に集中することができますし「あれ、聞いておくの忘れた!」ということもなくなります。

学校の授業でノートをとるときのように、聞いた話を逐一メモすることはしなくていいでしょう。僕自身、メモを取ってもそんなに見返すことはありません。話は録音されていますし、取材を振り返りたいなら「文字起こし」したものを読めばいいからです。ただし、**メモを取っている姿を見せることは、意外と大事**だったりします。「真剣に聞いてくれている」と印象づけられるからです。

楽しくなければ、取材じゃない

面白いコンテンツは面白い取材から生まれる

コンテンツが面白くなるかどうかは完全に「取材」にかかっています。取材で面白い話が聞けなかったら、コンテンツを面白くするのは難しいでしょう。取材が面白くないのに、あとからコンテンツを面白くしようとするのは無理があります。逆に言うと、**取材でいい話が聞けたら、それを素直に伝えるだけで面白いコンテンツになる**のです。

そのためにも聞き手が楽しむことが大切です。「取材のための取材」ではなく「聞きたいことを聞く」ということです。取材を「仕事として」やってはいけません。取材を楽しんでやっていると必ず盛り上がりますし、面白い話を聞けるはずです。結果的にコンテンツも面白いものになります。

「取材の内容がつまらなくても、書くときに面白くできる」と思っている人もいますが、それをやるとどうしても創作が入ります。純粋な経営者の言葉にはなりません。

理想は「いい話が聞けたから絶対コンテンツにして発信しなければ！」「これを公開したら反響がありそうだぞ！」と聞き手がワクワクできることです。その気持ちになれたら、自然とコンテンツはできあがっていきます。**「書きたくなるまで取材をする」**というつもりでやってみてください。

「経営者」ではなく「一人の人間」として理解する

取材をするにあたっては「経営者」としてではなく「(たまたま経営者をやっている)一人の人間」として見ることが重要です。

「BtoBのソフトウェアを販売している会社の経営者」として取材をするのではありません。あたりまえですが経営者も人間です。親がいて、学校に通ったことがあり、恋愛をした経験もある。子どものころは運動ができたとか、モテたとか、受験に失敗したなど、誰もが経験することを同じように経験しています。

どんなに複雑なビジネスモデルの会社を経営していたとしても、一人の人間として理解するように取材していくのです。それをコンテンツに落とし込むことで「読者との接点」が生まれ、関心を持ってもらえるようになります。

幼少期のことを聞いて、価値観を理解する

「一人の人間に対して話を聞く」という意識を高めるためにも、まずは幼少期のことを聞いてみてください。

親はどんな仕事をしてましたか？　親は厳しかったですか？　勉強はできましたか？　なにか運動はやってましたか？　という具合です。

幼少期の話を聞くと、その人の根っこの部分が見えてきたりもします。たとえば5人兄弟の長男だったことがわかれば「マネジメント能力や統率力は当時からあったのかもしれないな」という仮説が生まれます。**幼少期にその人の価値観や人生観の起源がある場合も多い**ので、どんな幼少期を過ごしていたかを聞いておくとその後の取材もスムーズになり

ます。

ただ、幼少期のことがそのままコンテンツになるケースは多くはありません。よって、つぶさに取材していく必要はないでしょう。あくまで人間性を知る上で聞いておきましょう、ということです。

時事ネタをぶつけてみると相手の個性が見える

いきなり取材に入るのが憚られるときは、アイスブレイクをしましょう。

いちばん自然なのは時事ネタをぶつけてみることです。すると、経営者の個性やオリジナルの考え方が見えてくることがあります。

ChatGPTが登場したとき、「AIは脅威ですか?」とある経営者に話を振ってみると「AIが出てきても、結局ビジネスにおいては人間対人間の話になるからそんなに脅威ではない」といった答えが返ってきて「なるほど」と思ったことがあります。

M&Aのニュースをぶつけてみると、その人の会社観、経営観が見えたりもします。「会社は家族のようなものだから絶対に売らない」という人もいれば「会社は手段に過ぎないから売る必要があれば売る」という人もいる。**時事ネタから、深い話が聞けたりすることもよくあります。**

取材のときの第一声は「いい空気」を作る上でもわりと重要です。なるべく相手が反応しやすい言葉から入るといいでしょう。

「暑いですね」でもいいし「もう9月ですね、1年って早いですね」でもいい。「そういえばXでこんなつぶやきをされてましたね」「新聞のインタビュー拝見しましたよ！」でもいい。「普段からスーツですか？」「その時計、素敵ですね」など相手の服装に少し言及するのもいいでしょう。オフィスで目についたものを話題にすることもあります。「会議室の名前って何か意味があるんですか？」とか「社長室に貼ってある教訓、深いですね」といった具合です。

また**「今の社長の頭の中って、どういう思考が占めてるんですか？」**と聞くのも取材の冒頭としてベターです。「なかなか新規事業が軌道に乗らなくてね」とか「決算が近いから毎日バタバタですよ」など、取材の中身にもつながる話が聞けたりします。

取材冒頭は、全体にも影響するので意外と重要。相手が会話しやすいようなトピックから入ってみましょう。

取材に熱が帯びる質問はこれだ

取材と称して「悩み相談」をしたっていい

取材中はぜひ、**あなたが本当に知りたいことを聞いてください。**

経営者に取材するとなると「きちんと質問しなければ！」と肩に力が入ってしまいがちです。「今期このプロジェクトに力を入れられていますが、それはどういった意図なのでしょうか？」といった、本当はどうでもいいと思っている質問をしがちになります。それが本当に気になるなら聞けばいいですが、気にならないのなら質問する必要はありません。

それよりもむしろ「今日は悩み相談をしにいくぞ」くらいの気持ちでいいのです。あなたが本当に知りたいことや前のめりになって聞けることを質問するほうが、熱のこもった取材になって、結果的にうまくいきます。

「社長に悩み相談なんてしていいの？」と思われるかもしれません。しかし、悩み相談されるのを嫌がる人はそんなにいません。誰もが友だちに悩み相談をしたことがあると思いますが、それと同じように素直に話せばいいのです。

「この場を借りて、ずっと聞いてみたいことがあったんですが……」とか「実は私、緊張しやすいタイプなんですが、社長は人前で話すことが苦ではないのでしょうか？」などと聞いてみる。すると相手に「ああ、本当に知りたいことなんだな」ということが伝わりますし、少しでも助けたいと思って頑張って話してくれるはずです。

もちろん「最近、頭痛があって……」といったような関係ない相談をしても意味がありません。テーマとしては、**仕事の仕方、キャリア、人生についての悩み**がいいでしょう。あなたが20代なら「いま働き方に悩んでいるのですが、社長が20代のときはどのように働いていましたか？」とか「いつも仕事が遅いと言われるのですが、仕事は質よりもスピードのほうが大切だと思われますか？」などです。

「なるほど！」と思えるような答えが引き出せたら、かならずいいコンテンツになります。

深掘りすべきタイミング

1時間の取材で3〜5個の質問を準備しましょう、とお伝えしました。質問を投げかけてみて「面白い」と思った箇所を中心に深掘りして取材を進めていきます。

では、どのように深掘りしていけばいいのでしょうか？

ひとつは、**詳しく聞く**ということです。たとえば「いちばん許せないことは何ですか？」と質問して「嘘をつかれることですかね」と返ってきたとしたら、「それは仕事でもプライベートでもですか？」「たとえばどんな嘘ですか？」「最近、嘘をつかれたことがあったんですか？」「嘘にまつわるエピソードで何か思い出せるものはありますか？」といったように詳しく、具体的に聞いていきます。

もうひとつは、**理由を聞く**ことです。「そう思われたきっかけがあったんですか？」「許せないことはいろいろあると思いますが、なぜ嘘がいちばん許せないんですか？」といった具合です。理由をどう答えるかで、その人の考え方、個性が見えてきます。

また話を聞いているなかで、質問するといいのは次のタイミングです。

・**「?」が浮かんだとき**

話を聞いていて頭に「?」が浮かんだときは、スルーせずに「それってどういうことですか?」と聞いてください。あなたが「?」と思ったということは、読者もそこで「?」と思うはず。そこをそのままにしておくと疑問の残るコンテンツができてしまいます。

・**「自分とは違うな」と思ったとき**

話を聞いていると、自分とは全く違う思考や、自分にはできない行動をした話が出てくるはずです。「社長はなぜそうしたのだろう?」と思ったら、それを聞いてみてください。

そして、**面白いと思ったら素直にリアクションしましょう**。「面白いですね」「すごいですね」と反応すると「ちなみにね……」と、その話題から派生した別の話をしてくれることがあります。「○○なんですね」と相手の答えを繰り返してみるのもいいでしょう。その刺激を受けてさらに話が深まることもあります。

よくないのは、流れ作業のように聞いてしまうことです。取材の目的は「面白い話を引き出すこと」であって「質問をこなすこと」ではないのです。

「いつから○○だったんですか？」はキラー質問

なかでも「いつから○○だったんですか？」「昔から○○なんですか？」は、面白い話が聞ける可能性の高い質問です。**こうした「きっかけ」についての話というのは、その人のターニングポイントですし、必然的に印象的なエピソードを聞けることが多い**のです。

たとえば「宝塚が好きなんです」と言われて「そうなんですね」と返せばそこで会話が終わってしまいます。「昔からお好きなんですか？」と質問すると、次のように展開するかもしれません。


「宝塚が好きなんです」

「そうなんですね！　昔からお好きなんですか？」

「母が宝塚好きで、小さいころから見に行ってましたね」

「それがエンターテインメントの事業をやることにつながって……」

「けっこうそれは大きいと思いますね」

この質問は、あらゆる場面で使えます。

先日、マネジメントのコツを経営者に伺っていたのですが、マネジメントのコツを3つ教えていただいたあとに「その3つのポイントは創業時から押さえていたんですか？」と質問してみました。すると「いやいや、創業時はぜんぜんできてなくて大変でした。辞めてしまった人もけっこういましたね」というお話を伺うことができました。

仕事術やマネジメント術など「役に立つ」コンテンツの取材のときにも、この質問をしてみると思わぬエピソードが出てくるかもしれません。

「自分だったら？」と考えながら話を聞く

「自分だったらそういう選択をするかな？」と考えながら話を聞くことも大切です。

すると**経営者の話を「自分ごと」として捉えることができますし、自分と共通する部分と違う部分が見えてきて、多くの人に伝わりやすいコンテンツができます。**

ひとつ例を出して説明します。

複数の医療クリニックを経営している経営者にお話を伺ったときのこと。

その方はもともと大学病院で勤務医として働いていました。勤務医のキャリアで多いのは、そのまま働き続けて医学部の教授になり、50〜60歳ぐらいで自分のクリニックを構えることだそうです。しかし彼は「このままずっとこの大学病院で過ごす人生でいいのか……」と抵抗を感じました。そして大学病院を辞め、ソフトウェアの会社を立ち上げます。ただ、それはうまくいきませんでした。そこで「起業で培ったビジネスやデジタルの知識を医療の世界に活かせないだろうか」と考え、クリニックで起業することにしたのです。今はデジタルで効率化したクリニックを数店舗展開しています。

この話を「自分とは関係ない話」として聞いてしまうと、深まっていきません。そうではなく、**自分もその経営者になりきって「自分だったら、そのタイミングでそんな決断ができただろうか？」と考えてみる**のです。

その方は医学部時代も含めると10年以上医療に携わっていたはずです。それでも大学病院を辞め、起業を選んだわけです。それを僕に置き換えたら「10年以上出版業界にいたのにいきなりソフトウェアの会社を作る」といったような話でしょう。普通なら「せっかくここまでやってきて、給料も上がってきている。ここで辞めたら出世できないし、退職金も減ってしまう。もう少し続けよう」と思いそうなものです。

「自分だったらその選択ができただろうか?」と考えながら取材をしていると「よくそこで思い切って病院を辞めて起業ができたなあ」と思うはずです。

そこで「よくそこでそんな決断をしましたね!」「なぜそういう決断ができたんですか?」「自分だったらそこで辞めることはできないと思います」などと返すのです。すると「人生は1回きりだからね」といった哲学や、人生に対する考え方などが聞けるかもしれません。**決断の裏側にある思いを聞く**と、自分、そして読者とつながる部分が見えてきます。

素朴な疑問でいい

経営者が相手だと緊張するかもしれませんが、尊敬の気持ちを持ちつつも、「同じ人間なんだし」という気持ちで質問してみましょう。もし不安なら「あまり聞かれたことないかもしれませんが……」「こんなことを聞くのは、失礼かもしれませんが……」などのエクスキューズを入れておけば安心です。

「休日って何してるんですか?」「株主総会って嫌いですか?　緊張しますか?」「手帳っ

て使っていますか？」「何時に起きますか？」など、どの質問も経営者という立場上、あまり聞かれないようなことかもしれません。それでも恐れずに投げかけてみると、面白い話を聞けたりします。

素朴な質問から、深い話になることだってあります。

以前「株主総会って緊張しますか？」と聞いたことがあります。そのときはこんな会話になりました。

「株主総会って緊張しますか？」
「僕、緊張とかしないんですよ。逆になんで緊張するんですか？」
「え……うまく話せるかな、とか、鋭い質問が来たらどうしようかな、とか思うからでしょうか……」
「そう、うまくやろうとするから緊張するんですよ。僕って別にうまくやろうとしてないんです。別にいいところを見せたいとも思ってない。だから緊張とかしないんです」

株主総会の話から、期せずして人生に役立ちそうなノウハウが伺えたので、それもひとつのコンテンツにすることができました。

ちなみに**素朴な疑問は、取材が終わったあとやエレベーターを待つ間など「今は取材じゃないですよ」という空気のときだと聞きやすい**でしょう。ちょっと気が緩んでいるときにふと面白い話を聞けたりもするので、別れ際ギリギリまでＩＣレコーダーを回しておくことも大切です。

編集者は「この人からノウハウを盗めないかな」と思っている

僕が本の編集者として仕事をしていたときも「何か面白い話が聞けないかな？」「この人から貴重なノウハウを聞くことはできないかな？」という「下心」で近づいていました。

佐藤可士和さんに会いに行って「可士和さんはどうやって打ち合わせしてるんですか？」と聞いてみたり、週刊文春の編集長に会いに行って「どうやってそんなスクープが取れるんですか？」と聞いてみたり。企画のほぼ全部が、自分の関心ごとや悩みごとが発端になっていました。

こういうことを言うと「人を利用するなんて!」「人をコンテンツとして見るなんて!」と思う人もいるかもしれません。……ただ、そうやって**下心で近づくからこそ、読者が本当に知りたいことや読みたいものにたどり着くことができる**という面もあります。

逆に、編集者自身が聞きたくもないことを「仕事だからしょうがないか」といって取材することこそ失礼な気がしますし、結果的に読者不在のものになってしまいます。「取材だからやる」「仕事だからやる」ではなくて、「目の前にいる人と何を話したいのか?」「この人の面白さはどこなんだろう?」「強みはどこなんだろう?」と考えて取材をする。そうすると、必然的に面白いコンテンツができあがるはずです。

「この人、話しやすいな」と思われる聞き方

話しづらそうなときは自分の話をする

僕はこれまで何十人もの経営者の取材をしてきましたが、本当にいろんなタイプの方がいました。マシンガンのようにダダダッと思いを語る人もいれば、ひとつ質問をすると熟考してポツッと深い一言を発するような人もいました。

中には、取材に慣れていなくてうまく話が出てこない方もいます。そういうときは質問をし続けるのではなく、こちらも同じくらい話すといいでしょう。するとリラックスした雰囲気の楽しい取材になりますし、自分が話したことをきっかけに「今思い出したのですが、こんなことがあって……」と話が広がっていくこともあります。

「どういうレベルの話を返せばいいんだろう？」と迷っているケースもあります。そうい

うときは**「僕の場合はこうですけど……」「私も以前、こういうことがありまして……」**と例を出すと「ああ、そういう話をすればいいのか」とわかってもらえます。

また「私ならこう思いますが、どうですか？」「僕ならこう考えますが、社長はなぜそんな選択ができたんですか？」など「普通の人はこう思うはずだけど、社長はどうでしょうか？」という聞き方をすると話してくれやすいでしょう。聞き手が「普通の人代表」として自分の話をすることで、相手のオリジナルの考え方が出てきやすくなります。

相手の考える時間を奪わない

卓球のようにポンポンと答えを返せるような人は稀です。ひとつの質問をしたら10秒くらいは考えたいという方もいます。**取材している側は、沈黙が怖くなってついその10秒のあいだに余計な口を挟んでしまいたくなりますが、そこは我慢しましょう。**

話すリズムは人によって違います。間が空いたとしても、本当に何も考えていないような人はいません。たいていはじっくり考えて言葉を探しているから間が空いてしまうのです。そこで間を埋めてしまうと「今考えていたのにな……」と、せっかく考えてくれていた質問の答えをスルーして、取材が進んでしまうことになります。

かなり前の話になりますが、スタジオジブリの鈴木敏夫さんのトークイベントに行ったときのことです。司会者の女性が鈴木さんに質問していました。

鈴木さんは独特な間で話す方です。「宮さん（宮崎駿さん）がね、こういうことがあってね……」と話し出すのですが、少しでも間が空くと司会者が「私も本当に昔から『となりのトトロ』が大好きでして」などと遮っていました。その後もずっと、鈴木さんが考えているときに「それってこういうことでしょうか？」と聞いたり、次の質問に移ろうとしたりしていました。僕はその様子を見ていて「鈴木さんの考える時間を奪わないでほしいな」と感じてしまいました。

この例は多くの人が見ているイベントだったので、司会者の方は沈黙を恐れてつい間を埋めてしまったのかもしれません。ただ、取材であれば多少の沈黙があっても気にする必要はありません。**取材の目的は盛り上げることではなく、言葉を引き出すこと。**沈黙が続いて気まずく感じても、間が空いてしまって雰囲気が悪くなったように感じても、いったん待ちましょう。雰囲気をよくすることで言葉が出てくる場合もありますが、雰囲気を優先しすぎると言葉を引き出せなくなります。その場は盛り上がったけど、大した話が聞けなかったということでは、いいコンテンツは生まれません。

もし30秒ほど沈黙してしまうような場合は、先ほどのように具体的な答えの例をアシストしてもいいでしょう。「僕だったらこう思うんですけど、どうですか？」「たとえば○○とかは違いますか？」「他の方はこう答えられていましたがどうですか？」といった具合です。

うまく言葉が出てこなくて相手が焦っている場合は**「待ちますよ」と言ってあげる**といいかもしれません。「そんなこと聞かれたことないですよね。ちょっと考えてみてください」「昔のことですし思い出すのも大変ですよね。ちょっと待ちますね」などとお伝えすると、相手も落ち着いて考えることができます。

逆に相手が「立て板に水」のように話してくれても、いい取材にならないことが稀にあります。特に取材慣れしている経営者だといつもメディアで語るネタが決まっていて、そのネタを話して終わり、ということになりがちなのです。その場では「盛り上がったし、いい取材だったな」と思っても、後から文字起こしを読んでみると微妙にはぐらかされていた、というケースがあるのです。

話を聞きながらも、つねに頭のどこかでは「これでコンテンツになるかな？」「オリジナ

ルのネタが聞けているかな？」と考えておくことも大切です。

「取材」というよりも「楽しい雑談」くらいのノリで

取材がイメージどおりに進まなくても、慌ててはいけません。

相手が質問とズレた話をしていても「いや、今その話じゃないので、この質問に答えてください」などと話を遮ってはいけません。

もし取材が1回きりで、テーマもかっちり決まっていたら臨機応変にはできないかもしれませんが、たいていは追加取材やテキストで追加質問ができるはずです。かっちりと進めるのではなく、空気に合わせて取材を進めるほうがいいでしょう。

取材でノリノリになった経営者が、ぶっちゃけすぎた話をすることもあります。「これ書けないんだけど」「これは関係ないんだけどね」と言いながら、楽しそうに5～10分ぐらい喋っていたら、前のめりで聞くことです。**頭の片隅で「この話は使えないな」と思いつつも、そこから発展して本質的で面白い話が聞けることもよくあります。**

既に有名な話や何度も他のインタビューで話したことを長々とお話しされる場合もあり

ます。相手は親切心で話してくださっているので、遮ることは難しいかもしれませんが、そういうときは「あ、それ、前も確かおっしゃっていましたよね」「雑誌のインタビューで答えられていましたよね」と言って、知っていることを暗に伝えてあげると、別の話をしてくれるはずです。取材時間が限られているときに、知っている話が長く続く場合は「そのときに買収を決断されたんですよね」「結局、通帳の残高が3千円になったんでしたっけ？」などとオチを先に言ってしまうというのも裏技としてあります。

抽象的なことばかり聞いてはいけない

取材のときに意識すべきことは、**抽象と具体のバランス**です。

抽象的な価値観や哲学の話ばかりだと、記事に面白みが出ません。抽象的な話が続いているときは、先ほども説明した次の質問をしてみましょう。

「というと、たとえばどんなことですか？」「そう思われたきっかけは何かあったんですか？」「それにまつわるエピソードって何かありますか？」

すると具体的な話が聞けるはずです。

抽象的な質問は答えづらいという方もいます。思い出したのは、ホリエモンこと堀江貴文さん。彼は抽象的な質問にはあまり答えてくれませんでした。以前僕が、堀江さんの取材にライターとして同席したときのことです。編集者が「堀江さんにとって宇宙とは何ですか？」という質問をしました。こういった「○○さんにとって経営とは？」「○○さんにとって仕事とは？」というぼんやりとした質問はよくやりがちです。

ただ、それに対して堀江さんは「宇宙は宇宙ですよ。僕が宇宙についてここで語るってことですか？　宇宙については本に書いたのでそれを読んでください」と半ば怒り気味に返していました。

その後僕は「『○○とは？』といった抽象的なことは堀江さんには聞かないほうがいいんだな」と思い「朝ごはんは食べますか？」という超具体的な質問をしてみました。

僕「朝ごはんは食べますか？」
堀江さん「僕、朝ご飯食べないんすよ」
僕「時間があまりないとか？」
堀江さん「僕はギリギリまで寝て、予定の30分前に起きて、歯を磨いて、着替えて、そのまま車に乗って出て行くぐらいのスピード感で過ごしているから、食べる時間もないし、食べることが必須だとも思っていません。……朝ごはん食べます？」

女性の編集者「私はスムージーを飲んでますね」

堀江さん「え？　何でスムージーなんて飲むんですか？　うまいですか？」

一見、具体的過ぎる質問はコンテンツにならなそうですが、**具体的な事柄からその人の「人となり」や価値観の片鱗が見えてきます**。超具体的な質問なら、口が重い相手でも、堀江さんでも、誰でも答えてくれるはずです。バカっぽい質問でも投げかけてみると思わぬ展開が待っているかもしれません。

作りたいコンテンツから「逆算」して聞く

取材に慣れてきて、余裕ができてくると「最終的にこういうコンテンツになるな」といったことを意識しながら取材できるようになります。

ただ逆にアウトプットのコンテンツを意識しすぎると、直接的な質問をしてしまって、経営者が話しづらくなります。「あなたの仕事術を教えてください」「あなたの経営哲学は何ですか？」と聞いてスラスラ答えられる経営者は稀です。

よって、**雑談のように楽しく盛り上げながらも、結果的にコンテンツになることを聞ける取材を目指せるといいでしょう。**

ノウハウのコンテンツは「悩み相談」から生まれる

コンテンツを意識しすぎて「仕事術について聞かなければ！」と力んでしまうと「〇〇さ

んが社員を育てる上で心掛けていることやコツはありますか？」といった堅い質問をしてしまいがちです。すると「別に普通だけどな」「特にないかな」という答えが返ってきたりします。

そういうときは「悩み相談」が効果的です。**仕事をする中で、あなたが気になっていることや困っていることを相談してみたほうが本気で答えてくれます。**

「定時までに仕事が終わらない」
「部下を育てられない」
「後輩にどこまで任せていいかわからない」

これを入り口にすると、相手も話しやすくなります。

ポイントは、一般論にするのではなく、自身の境遇と照らし合わせながら質問することです。あなたが高いポジションに就いているなら「○○さんって部下をどうまとめ上げてきたんですか？」「初めてリーダーになったときは苦労されましたか？」といったことを聞くのです。

キャリアについて聞くときも「社長のキャリア論を聞かせてください」だと答えにくいので「ちょうど私、子どもが生まれて、仕事と家庭のバランスに悩んでいるんですが、社長はそういうときってありましたか？」などと相談すると親身になってくれるはずです。

先ほどもお伝えしましたが「何時に起きますか？」「朝ごはんは食べますか？」といった具体的な疑問を投げてみると人生哲学の片鱗が見えてきます。朝食をとるなら「健康志向なのかな？」と推測できますし、そういう価値観を持った人から見た仕事術とはどんなものなのか……といった展開に持っていけます。

具体的な疑問を投げることで、返ってきた答えの裏側にある考え方や持論を引き出すことができます。 持論を聞くことができたら「昔からそう考えていたのですか？」という質問が生まれ、「親に教えられたんですよ」というエピソードが出てくるかもしれません。

小さなエピソードでもそれが集まってくると、その人がどんな価値観を持っているのかがイメージできるようになります。「太く短く生きたいタイプなのかな？」「自分のペースで自分らしく働くことを大事にしているのかな？」といったことが見えてくる。そういうときは、その仮説をぶつけてみてください。合っていても違っていても、そこから「なぜそう考えるのですか？」などの質問に展開していくことができます。

エピソードを聞くときはこの3つをおさえよう

ちなみに、エピソードを聞くときにおさえておいたほうがいいことが3つあります。

ひとつは**「数字」**です。「通帳の残高がヤバくてね」という話が出てきたら「ちなみにいくらだったか覚えてます?」と聞いてみる。すると「めっちゃ覚えてますよ。365円でした。365円。ヤバくないですか?」と返ってくるかもしれません。何歳のときに起業したか? 創業何年か? 売上はいくらか? 社員数は何人か? 口頭の取材だと数字をスルーしがちになるのですが、いったん立ち止まって聞いてみることを忘れないようにしましょう。

2つめは**「セリフ」**です。前の会社の上司に起業を勧められたから起業したというエピソードを聞いたら「その上司は何と言ってたんですか?」と聞きましょう。すると「『お前、会社員に向いてないよ。会社不適合者だな。でも起業家には向いてると思うぞ』って言われたんですよね」と印象的なセリフが出てくるかもしれません。さらに「そのときなんて答えたんですか?」と聞くことも忘れないようにしましょう。具体的なセリフや会話があると臨場感が増して、魅力的なコンテンツになります。

もうひとつは**「情景」**です。「そこで廃業を考えたんですよね」と言われたら「どこで考えたんですか？」と聞いてみます。すると「ちょうど古い印刷機が目の前にあってね」といった答えが出てくるかもしれません。「会社に行くのが嫌でトイレに閉じこもってました」と言われたら「トイレってどこのトイレですか？」「そのトイレはどんな感じのトイレだったんですか？」と聞いてみると、リアリティが増します。

コンテンツを魅力的にするときに大切なのは、具体性、臨場感、リアリティです。いざ編集する段階で「ああ、あれも聞いておけばよかった！」とならないように、なるべく具体的な情景を聞いておきましょう。

「どうして会社をやっているんですか？」

経営論を聞きたいときは、「悩み相談」として聞くことは難しいかもしれません。

そのときは「どうして会社をやっているんですか？」とストレートに質問してみてもいいでしょう。経営者であれば、「会社をやろうと思ってやっているわけではなくて、目的を達成するために会社を使っているだけかな」「なるべく多くの社員を幸せにしたいからやっています」など、何かしらの答えを持っているはずです。

取材していく中で、抽象的な質問にも答えてくれそうだなと感じたら「会社は社長にとってどういう存在だと思っていますか？」と質問してみるのもいいでしょう。するとと「会社はただの概念ですし、道具です。社員は利害が一致しているからたまたま集まっているだけで、何とも思っていません」とか「みんなと一緒に働くことが目的です。社員を食わせていくのが僕の使命です」といった答えが返ってきます。そこからさらに「そう思うのはなぜですか？」などと質問をして掘り下げていくと深い取材になります。

もし答えづらそうにしていたら「ある人は会社を道具だと言いますし、家族だと考える人もいますが、○○さんはどうですか？」と聞くと「それならどちらかというと家族かな」などと答えてくれるはずです。

さらに売上やお金についても聞いてみると、経営に対する考え方が見えてきます。「そもそも売上がないと食べていけない」という売上至上主義の方もいれば「売上は目的を達成するための手段にすぎないので、売上はそこまで気にしていない」といった考えの人もいます。そこからまた話を掘ってみるのです。

「ものわかり」は悪くていい

僕が経営者にお話しを伺うとき**「相手のことは簡単には理解できない」**という姿勢で臨みます。もちろん理解するために事前に著書や記事を読んだり、あらゆる情報に目を通したりしてから行くわけですが、そこで安易に「わかった」と思うのは危険です。

経営者は取材者が見ていないような深いところまでものごとを見ているものです。もしくは、ものすごく遠くを見ている。よって、話を聞いただけですべてを理解できるはずがないのです。

僕はつねに「まだ自分はわかっていない」と思いながら取材をしています。そして「さらに奥に何かがあるはずだ」と考えます。そしてその「何か」を探すように取材を進めていきます。「それはどういうことなんですか?」「ほんとのところ、どうなんですか?」「〇〇すると簡単に言いますが、実際それってすごく難しくないですか?」……そうやって、その奥にあるものを探しに行く。その姿勢が大切なのです。

取材者は「ものわかり」が悪くていいと思っています。むしろ、悪いほうがいいのです。

安易に「わかった」と思ってしまうと、それ以上話は進みません。深いところにある「何か」をつかむことができない。いい取材になるか、浅い取材になるかは、このあたりにかかっています。

人は、そんなに単純じゃない。いろんな歴史を経て、その人はここにいるわけです。この**「簡単にはわからないものだ」というスタンスを持っていると、相手への想像力も働きます。**「笑って話しているけれど、もしかしたらつらかったのかもしれないな」「簡単にできたように話しているけれど、実際はものすごく大変だったのかもしれないな」というように、その向こう側にまで思いを馳せることができます。

取材者はつねに「基本的に、他人のことはわからない。世界のことはわからない」という姿勢でいることが大切です。それが学ぶ姿勢になり、相手をリスペクトすることになるのです。

「いい素材」がなければ、美味しい料理はできない

この章の最後に、重要なことなのでもう一度言います。

たまに「取材の内容がつまらなくても、書くときに面白くできるだろう」と思っている人がいますが、それは難しいことです。つまらない取材であれば、それなりのコンテンツにしかならない。残酷な言い方ですが、面白くない文章ができあがったらそれは話の内容自体が面白くなかったということです。

取材する側がやるべきことは面白い話が出てくるまで粘って取材を続けることです。

料理にたとえるとわかりやすいでしょう。

仮に素材が悪くても、味付けを濃くして、刻んだり炒めたりすれば、何かしらの「美味しいもの」にはなります。でもそれをすると、素材の良さが伝わりません。会社の発信においても、後で味付けしすぎると本来の魅力が伝わらなくなってしまいます。

理想は、刺身でも食べられるくらいの素材をゲットすることです。切って盛るだけで美味しい素材なら、最高のコンテンツになるはずです。

次の章では、その取材をもとにどのようにコンテンツを編集していけばいいのかを解説していきます。

第6章

面白いコンテンツは誰でも作れる

編集しすぎるとつまらなくなる

余計なことはするな

なぜ前章がまるまる「取材」の話だったのかというと、取材さえうまくいけば、そのあとは素直に文字にしていくだけで立派なコンテンツになるからです。**取材さえきちんとできていれば、いいコンテンツは生み出せます。**よって、その後のプロセスで大切なのは「余計なことをしない」ということになります。

僕が本の編集者時代によく遭遇したのが、取材は面白かったのに原稿が上がってきたら面白くないという現象でした。「あの言い回し、あの人らしかったな～」「あの雑談、面白かったな～」と思っていたのに、原稿ではそこが書き換えられ、もしくはバッサリと切り取られ、「綺麗な」原稿になっている……。

もちろんそういう原稿が良しとされる場面もあるでしょう。ルポだったり事実を端的にまとめるような記事だったり、情報を整理して伝える場面においてはそれが正解です。ただ、取材対象者の思考や感情、エピソードをそのまま伝えるという点においては、綺麗にまとめてしまうことは「余計」なのです。

ここはいろんな編集者のスタンスがあると思いますし、ケースバイケースではありますが、**僕が経営者の言葉を伝えるときには「素材をなるべく活かす」「余計なことをしない」ということを大切にしています。**

編集者の思考の枠に矮小化してはいけない

編集する側が自らの常識や理解できる範囲でコンテンツを作ろうとすると、経営者が本当に考えていること、本当に言いたかったことが文字になりません。経営者の思考を編集側の枠に閉じ込めてしまうと、本来の魅力が矮小化されてしまいます。すると「よくある原稿」「普通の原稿」になってしまいます。「ああ、そういう話ね」「そのパターンね」というように、安易に自分の常識や理解の範疇で理解しようとしてしまう。そこが怖いのです。

経営者の思考を編集者の枠に閉じ込めない

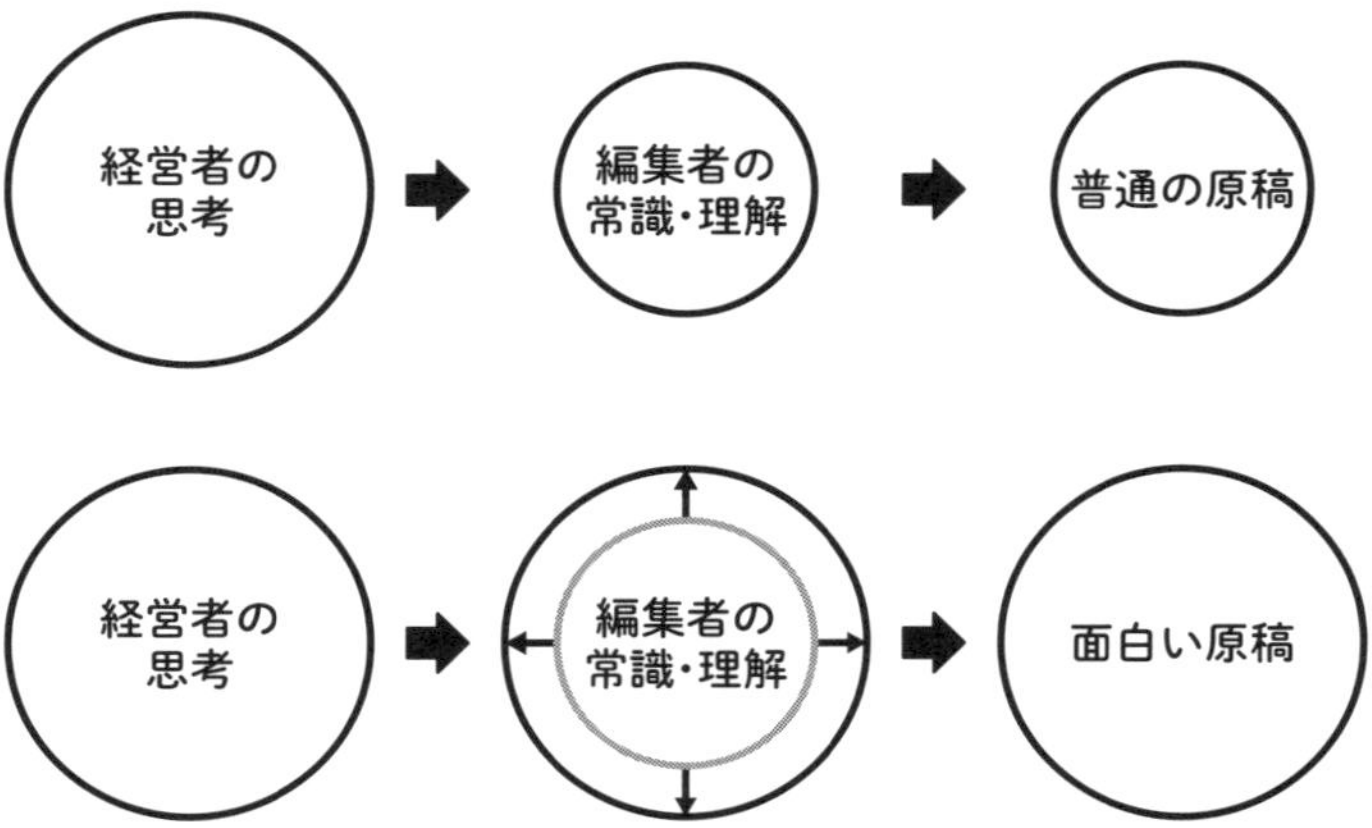

だからこそ**取材では相手の言葉の奥にどういう価値観・世界観があるのかを探ろうとすることが大切ですし「経営者が本当は何を言いたいのか？」に耳をすませないといけません。**自分たちの常識や理解を超えた部分こそ伝えなくてはいけないのです。

経営者の話を「再現」する

編集の段階で大切なのは、そうやって丁寧に汲み取った経営者の言葉をテキストで再現することです。その文章を読むことで、**あたかも取材の場で話を聞いているかのような体験をしてもらう**ことを目指します。

まずは取材した音声を一言一句文字に起

こしていきます。録音された音声を聞きながら、すべてをテキストにしていきます。ポイントは雑談の部分や、話し方のクセ、ちょっとした言い淀みなども再現することです。また、聞き手の発言も一言一句、文字にしていきます。経営者のコンテンツだからということで聞き手の言葉をすっ飛ばす人もいますが、オススメしません。**取材は聞き手の言葉も含めて成り立つものなので、面倒でもすべて文字にしていくことが重要です。**

ただ、この作業は想像以上に時間がかかるので、もし予算があるなら外注したほうがいいでしょう。文字起こしを専門にしている業者さんもありますし、クラウドワークスやコナラなどのサイトで文字起こしを専門でやっている方に依頼するという手もあります。

予算がなければ、今は自動で文字起こしをしてくれるツールもいろいろ出ているので、そのツールで粗々の文字起こしを作成して、最後は自分で整えるというやり方でもいいでしょう。

ちなみに僕は「CLOVA Note」というＡＩ技術を活用した音声記録管理サービスをたまに利用します。話者を自動で判別してくれますし、けっこう精度も高いです。

経営者が目の前で読者に話しかけているように

取材の様子をすべて文字にできたら、それを「経営者の一人称」として整えていくのが次の工程になります。

「取材の様子をそのまま届けるなら、対談形式でもいいんじゃないか？」と思われるかもしれませんが、対談形式だと魅力は半減してしまいます。以前、ある編集者がその理由について「自分に話しかけられている感じがしないから」と言っていました。

対談だと2人の他人が話している様子を読者は外から見る形になります。そこで読者は無意識的に疎外感を感じてしまうのです。読者が「対談を見ている人」になってしまうと、他人が盛り上がっている様子を見ることになる。すると読者は冷めてしまいます。のめり込むことが難しくなる。たしかに対談形式の本はあまり売れていません。

読者を当事者にするためにも、経営者が一人称で語ることが重要なのです。**経営者が、読者である目の前の人に直接語りかける。**その体験を作り出しましょう。

文字起こしから原稿にしていく

具体的に、どのように原稿を作っていけばいいのか？　その流れを説明します。

①文字起こしを読み、トピックごとに仮の小見出しをつける

文字起こしが出来上がったら、それを頭から読みながら「ああ、ここはオフィス移転について雑談しているな」「ここから経営者の幼少期の話だな」などと理解しつつ、トピックごとに仮の小見出しをつけていきます。この段階では目印としての小見出しを付けるだけなので、コピーセンスは必要ありません。「オフィス移転について」「幼少期の話」など簡素で内容がわかるものであればＯＫです。

②聞き手とのやりとりを一人称に直していく

見出しを付け終わったら、再度頭から読み直して、文字起こしを「一人称」の原稿にし

ていきます。この作業が非常に重要です。
たとえば、次のような文字起こし原稿があるとします。

聞き手：営業の本質ってなんなんでしょうね？
経営者：そうですね、うーんと、まあ、営業っていうのはつまり経営そのものだと思うんですよね。こちらが価値あるものを提供して、その対価をいただくと。そのコミュニケーションが営業である、と。
聞き手：なるほど。
経営者：営業の本質とはつまり経営ということであって、結局は相手のことを想像する力、それ以外にはないいんじゃないかと思うんですね。

この掛け合いを、経営者の一人称にするとこうなります。

営業の本質とはなんなのでしょうか？
営業とは、つまり「経営」そのものだと思うわけです。こちらが価値あるものを提供して、その対価をもらう。そのコミュニケーションが「営業」です。

営業の本質とは「経営」ということではないか。結局は相手のことを想像する力、それ以外にはないと思うのです。


このように、会話になっている文字起こしを一人称の原稿に直していくわけです。

ポイントは**「聞き手の言葉」も組み込む**ことです。「営業の本質ってなんなんでしょうね?」という言葉は聞き手のものですが、ここを飛ばしてしまうと話がつながりません。

そこで「営業の本質とはなんなのでしょうか?」という経営者の言葉として組み込むことで話の流れがわかるようになります。

聞き手の言葉も含めて、取材というものは成り立っています。聞き手の言葉があったからこそ、経営者もその言葉が出てきたわけです。聞き手の言葉も丁寧に組み込みつつ、最終的に「経営者が目の前で語ってくれているように」仕上げていくこと。

それがこの工程での肝になります。

③わかりやすく、読みやすくしていく

会話形式になっている文字起こしを一人称の原稿にしていきながら、より読みやすい文章にしていく作業も同時に進めていきましょう。

◎必要な言葉や文を補う

「てにをは」を正しく直すなど文法的な部分を修正していくのは当然ですが、文字起こしに不足している言葉を補っていくことも大切な作業です。

会話は、言葉だけでなくその場の空気やニュアンスでコミュニケーションが成り立っています。極端な話、目配せやジェスチャーで意図を伝えたり、「ね！」「まあ」といったやりとりで済んでしまったりすることがある。これでは、取材の現場にいない読者には伝わりません。そこで原稿にしていくときは、言葉を補っていく必要があるのです。特に「誰が」「何を」「どうしたか」がハッキリしているか？　**いきなりその文章を読んでも、意味が伝わるかを確認しながら補っていきましょう。**

注意すべきは、編集する側の憶測で補わないことです。「きっとこういうことだろう」「きっとこう思ったはずだ」というのはご法度です。わからない部分があったら、「ここはこういう意味でしょうか？」と経営者に意図を確認することを忘れてはいけません。

◎ひとつの文章を短くしていく

人によりますが、ときに会話はダラダラと続きがちになります。「〜で、〜で、〜なんですけど」と長くなる場合があります。ひとつの文が長くなると理解しづらくなるので、ニュアンスや空気が変わらない範囲で文章を短くしていきましょう。

目安として「、」がひとつの文に3つ以上入らないようにすること。ひとつの文で言いたいことはひとつにすることを意識するといいでしょう。

◎「」を効果的に使う

「」は、上手に使うと左のような直感的に理解できる文章になります。

ひとりごとや会話に「」を付けるのは普通ですが、なにかを「強調」するときにも上手に入れると文章にメリハリが生まれて効果的です。

今日聞いた話で「たしかに！」と思ったことがあります。それは、人がメンタルを崩すのは、忙しいときでも不安なときでもない、という話です。メンタルを崩すのは「どこに向かっているかわからなくなったとき」なのだそうです。

ちょっと声を大きくして「ここが重要なんだよ！」と言いたいときに「」を使ってみましょう。ただ、使いすぎると逆にガチャガチャした印象になるので注意しましょう。

◎取材の空気感やニュアンスを壊さない

わかりやすく読みやすくするときも、大切なのはその場の空気や言葉のニュアンスは、できるだけ変えないようにすることです。たとえば「～ですけどね」というセリフがあったら「けどね」は残す。経営者のキャラクターにもよりますが、目の前で話しているような文章を目指すことを忘れないようにしましょう。

構成は「考えない」

一人称にする作業が終わると、目の前には「経営者が一人で語っているような文章」ができあがります。ここからいよいよ編集をしていくわけですが、本書ではあえてこういう提案をしたいと思います。「構成は考えなくていい」という提案です。

いったん構成を考え始めると「どの話を冒頭に持ってきて、どの順番に組み替えればいいんだろう?」というように混乱します。答えはひとつではありませんから、ドツボにはまる可能性もある。そこで**基本的には取材の流れの順番、話を聞いた順番、つまり文字起こし原稿通りの構成にする**ことがいちばん無難です。

「取材の流れのままで大丈夫なの?」と不安になるかもしれませんが、人と人との会話というのは必ず論理的になっています。もしどこかで論理が破綻していれば「それってどういうこと?」などと聞くでしょう。それを受けてお互いにわかるように説明して、会話が続いていく。つまり、双方が理解していないと取材は進みません。

これまでの工程で、会話形式の文字起こしを聞き手の言葉も含めて、わかりやすく一人称の原稿にしてきたわけです。だから、その流れのままコンテンツにしていけば、不特定多数の人にも理解できるものになるはずなのです。

取材というのは、途中で雑談が入ったり取材のテーマと離れたりすることもあります。それでも**やり取りが成立しているなら、多少寄り道しながらも全部つながっているはず**です。よって話の順番を入れ替えるような構成は考えずに、聞いた順に書いていけば伝わりますし、なにより素材を100%活かしたコンテンツが生まれます。

この章の冒頭でもお伝えしましたが、プロの編集者やライターであっても「完成した原稿より文字起こしのほうが面白い」ということが起こりえます。「うまくまとめよう」「面白くしよう」と肩に力が入れば入るほどその確率は上がっていきます。よって構成については、あまり考えずに取材の流れに沿ってまとめていくことを基本にするといいでしょう。

余計な「前置き」はいらない

余計なことをするな、と散々言っていますが、やりがちなのが余計な前置きです。せっかく記事を読み始めてもこのような前置きがあったらどうでしょうか？

２０２０年と言えば、何を思い浮かべるでしょうか？　そうです。新型コロナウイルスですよね。このコロナ禍以降、企業は出社の義務化を緩和し、リモートワークを認める動きが顕著になりました。

読み始めて0・2秒くらいで「いや、もういいよ」と思ってしまいます。しかし、こういう記事は案外多いのです。書き手側は「前置きをしないと、わかってもらえないんじゃないか」と思っているのかもしれませんが逆効果です。読者は多忙です。冗長な前置きを読むくらいならYouTubeを見に行ってしまいます。

コンテンツは前置きもなく、いきなり始まっていいのです。「うちは全員、朝8時出社です」「うちはリモートワーク禁止です」というように、**いきなり掴みかかってくるような冒頭でいい**のです。

締めも同じです。記事の最後を「さて、いかがだったでしょうか？」で締めることはやめましょう。綺麗にまとめようとしない。むしろ言いっ放しのほうがいいのです。

リアリティと生っぽさ

最近ますます「生っぽいもの」が好まれる時代になってきているように感じます。経営者の生の言葉とか、現場やお客さんの生の声といったものです。**生の声であれば多少読みにくくても、誤植があっても、クセがあっても、魅力的に映る。**場合によってはむしろ粗があったほうがいいくらいです。

不完全な文章であっても、読み手は案外理解してくれるものです。「これはこういう文脈の話かな？」「ああ、これは社員向けに書いてあるからこういう表現なんだな」などと考えながら読んでくれる。読み手の理解力とリテラシーを信じましょう。

逆に綺麗に整った「それっぽい」ものは敬遠される傾向にあります。読み手も何かしらの「意図」を感じると魅力を感じなくなってしまうのでしょう。僕が「余計なことをするな」「構成は考えるな」と言っているのはそういう背景があります。

経営者は「経営のプロ」であればよくて「コンテンツのプロ」である必要はありません。届けばいいのです。**綺麗に整えてそれっぽいコンテンツを作るのではなく、ぜひ生の声をそのまま届ける意識で発信をしてほしいなと思っています。**

「面白くする」というのは、大袈裟なコピーやそれっぽい表現を多用して「創作」することとは違います。むしろ逆なのです。その人にしか出せない「リアリティ」「生っぽさ」を追求していくことが、特に現代においては魅力的なのです。

「書こう」とするから、うまくいかない

大切なのは「伝えよう」とすること

ここからは、コンテンツ作成のコツをもう少し詳しくお伝えしていきます。

このテーマに関しては、拙著『書くのがしんどい』（PHP研究所）にも詳しく書きましたので、そちらもぜひ併せてお読みください。

まず、**コンテンツ作成で大切なマインドセットは「書こうとしない」ということ**です。

人は書こうとすると変に力んでしまってうまくいきません。コンテンツ作成で大切なのは、何よりも「伝えよう」とすることです。

こんな例はどうでしょうか？

免許の教習所で車を運転するとき、教官に「遠くを見なさい」と言われた人は多いと思

います。車を運転したことがない人は、初めはひとつひとつの動きのことで頭がいっぱいになります。カーブを曲がるときも「えっと、まずアクセルを落として、カーブに差し掛かったらハンドルの角度をこれぐらいにして、徐々にアクセルを踏んで……」といろんなことを考えてしまいます。近くばかり見て運転することになるので、車はぎこちない動きをします。でも、教官の「遠くを見なさい」という指示通りに遠くを見ていると、自然とそれらの動きができるようになり、うまくカーブを曲がれるようになります。

文章もそれに似ています。「シャープな言葉を使う」「読後感をよくする」など文章を書くティップスのようなものはごまんとありますが、「伝えよう」とすれば、それらは全部自然とできるはずです。まずは「遠くを見る」のと同じように「伝えよう」とすること。**「書くな、伝えろ」**と覚えましょう。

「スーツ言葉」ではなく「パジャマ言葉」を

企業におけるコンテンツ作りで大切なのは「スーツ言葉」を使わないことです。ビジネスの場面ではカタカナ語やビジネス用語を使いがちになります。ソリューション、イニシアチブ、コンバージョンなどたくさんありますが、それらはなるべく使わない。

たとえば「クライアントの求めるソリューションはUXの改善です」と書いてしまうと伝わりません。感情も体温も感じられない。丁寧なのに冷たい印象すら持つと思います。そうではなく「お客さんの求めていた答えは、このサービスをより見やすくすることだったんです」といった書き方をするのです。すると途端にスッと入ってくるようになります。

僕は「スーツ言葉」ではなく「パジャマ言葉」を使いましょうと言っています。つまり**スーツを着たようなかたい言葉ではなく、パジャマを着ているときのような柔らかい言葉を使いましょう**、ということです。

かつてインターネットで情報収集するときは、机に向かってパソコンを開いていました。転職活動であっても、仕事中や仕事終わりのビジネスパーソンの多くはスーツを着て仕事モードで情報収集していました。

しかし今はどうでしょうか？　ほとんどの人がスマホを使っていて、日常のあらゆる場面で情報を見ています。ランチを食べながらスマホを見る。寝る前にベッドでスマホを触る。YouTubeを見たあとに企業の情報を目にしてそのまま転職活動が始まる、なんてこともあるでしょう。経営者の言葉がスーツで見られることは減っています。むしろ、部屋着やパジャマ姿のときに読まれることが増えています。

ブラウザやスマホのすぐ向こう側にいるのは「普通に生活している人」なのです。スーツを着てバリバリ働いている人も、家では普段着の生活者に戻ります。であれば、**経営者も「ベッドの上でだらっと過ごしているような生身の人間」に届けるように、普段着の言葉を使うほうがいい**のです。

中高生でも共感してもらえるか？

「パジャマ言葉」とはどれくらいのニュアンスなのでしょうか？　僕は、中高生が読んでも共感してもらえるくらいのレベルにしましょうとお伝えしています。

「まわりの社長がスゴすぎて正直、吐きそう」というリチカ代表の松尾さんのｎｏｔｅをご紹介しましたが、彼は取材のときから「自分には誇れることがない」「カリスマ性がない」「まわりがスゴすぎて毎日吐きそうなんです」と漏らしていました。そこで僕は**「それならそのままそれをタイトルにしたほうがいいんじゃないですか？」**とご提案し、こうしたタイトルになったという経緯があります。

もしこのタイトルが「動画3・0時代を牽引するベンチャー経営者の挑戦」だったらどうでしょうか？　「こっちのほうが興味ある」という人もいるかもしれません。動画に興味がある人はなおさらです。しかしそれはあなたがビジネスや経営に普段から興味を持っているからです。しかもこうしたタイトルの記事は他にも大量にあります。そうしたなかで「本当に読みますか？」と聞くとかなり怪しいと思います。

「まわりの社長がスゴすぎて正直、吐きそう」というタイトルは、感情に直接訴えかけます。**特にビジネスに興味がなくても、前提知識がなくても、興味を持ってもらえる。**おそらく中高生でも意味がわかるはずです。

「動画3・0〜」というタイトルはまさにスーツ的なタイトルです。脳内がビジネスモードでスーツを着ているときじゃないと反応できない。「吐きそう」であれば、ベッドに寝転がりながらでもちょっと気になります。できればこのレベルまでいけると、多くの人に読んでもらえるコンテンツになります。

「タイトル」や「小見出し」のつけ方

そこから会話が始まるかどうか?

見出しやタイトルの付け方についてもお話しします。

読まれるコンテンツのタイトルとはどういうものでしょうか?

それは「**そこから会話が始まるタイトル**」です。これは弊社のアドバイザーである編集者の柿内芳文さんが教えてくれた定義です。柿内さんが担当された書籍には『さおだけ屋はなぜ潰れないのか?』『ウェブはバカと暇人のもの』『嫌われる勇気』などがあります。

「さおだけ屋って確かになぜ潰れないんでしょうね」「私嫌われるのが怖いので、嫌われる勇気がないかも」など、どれもそこから会話が始まりそうなタイトルです。

以前、gumi創業者の国光さんのｎｏｔｅに「僕はインスタやFacebookがそろそろ終わる

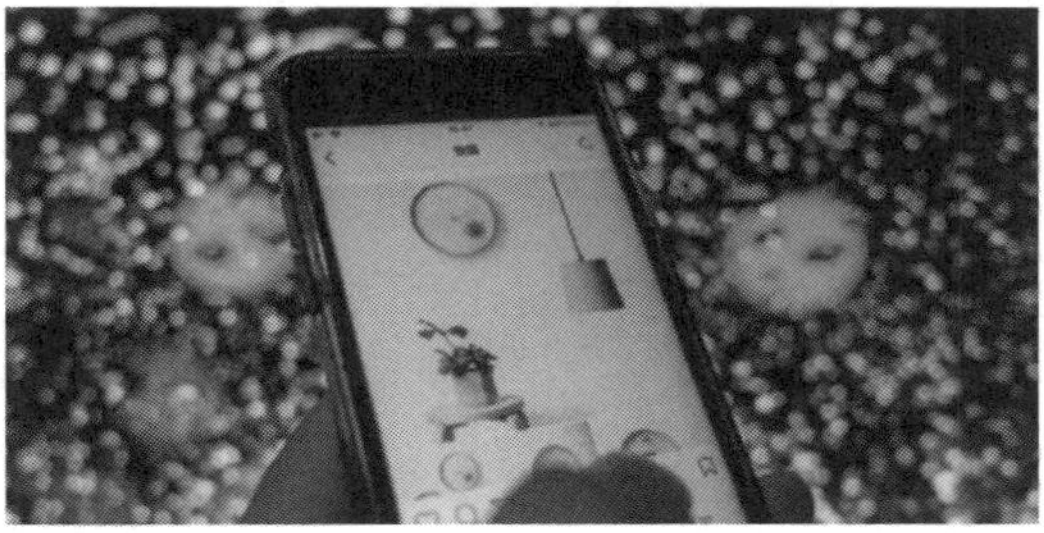

Photo by *koukichi_t*

僕はインスタやFacebookがそろそろ終わると思っている

3,412

国光宏尚 (Hiro Kunimitsu)
2019年3月29日 06:54 フォローする

「承認欲求」をベースにしたSNSは続かない

いま流行っているFacebookやTwitter、インスタなどのSNSは、基本的に**「承認欲求を満たす」**ことがベースになっています。

ぼくは、これは**今後長くは続かない**と思っています。

特にインスタは、ただ「いいね」をほしいがために「フェイクの生活」を送って「フェイクの写真」をわざわざ撮るわけです。みんなからの「いいね」をもらうことを目的にすると、どこかのタイミングで疲れてきます。「なんだか、ばかばかしいな」と思うタイミングがかならず来るでしょう。

もちろん、**「SNSによって人と人がつながる」というのは、絶対になくなったりはしません。**ただ「承認欲求」を満たすためのSNSは、これから長くは続かないと思うのです。

gumi創業者、国光宏尚さんのnote

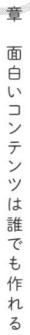

と思っている」というタイトルを付けたことがありますが、これも「会話が始まる」ことを意識して付けたものです。このタイトルを見て「いや、終わらないでしょ」と思う人もいれば「たしかにみんなSNS疲れしてるからなあ」と思った人もいるでしょう。いずれにせよ何かしらの感想を持ったはずです。**そのタイトルをふとまわりの人に言ったときに「ああ、たしかにね」とか「そうかなあ？」など反応があるものはいいタイトルと言えそうです。**

これは「小見出し」についても同じです。ただ、小見出しすべてを「会話が始まるようなものにする」のはハードルが高いので、少なくとも「なんだろう？」「どういうことだろう？」と思われるようなものにしましょう。

いいタイトルかどうかのチェックリスト

僕が「いいタイトルになっているかどうか」をチェックするときのリストがあるのでここでご紹介します。

・0・5秒で意味がわかるか？
・初見の人でもピンと来るか？
・読み手の「自分ごと」になっているか？
・引きになるワード（固有名詞、数字など）が入っているか？
・情報量は多すぎないか？
・読み手のメリットが想起できるか？
・感想を言うための「余白」があるか？
・自分だったらクリックするか？

これらをより多く満たすほど「いいタイトル」に近づきます。必ずすべて満たさなければいけないわけではありませんが、これらを意識してタイトルをつけてみると反応が変わってくるはずです。

ひとつずつ説明していきましょう。

◎0・5秒で意味がわかるか？

パッと見て何を言っているかすぐにわかるか、ということです。「0・5秒だなんて、短すぎないか？」と思われるかもしれません。しかし、これだけ情報やコンテンツが溢れる世の中で、これくらい瞬間的に飛びついてもらわないと読んではもらえません。Xのタイムラインを眺めていて、5秒も10秒も立ち止まって理解しようとしてくれる人はいないのです。一瞬で意味がわからなければ、他に行ってしまいます。

◎初見の人でもピンと来るか？

タイトルはコンテンツを作った人が付けます。そのときの落とし穴は「コンテンツ作成側がピンと来るタイトル」を付けてしまうことです。内容を全部知っている人がピンと来るタイトルでも、初見の人が見てもピンと来るタイトルになるとは限りません。

やりがちなのが、総論的なタイトルにしてしまうことです。「〇〇社の1年を振り返って」のように**「この取材をひとことで言うと何か？」という発想でタイトルを考えると読者には興味を持ってもらえません。**家族や友だちなど、会社とはまったく関係ない人でも「なるほどね！」と思えるようなタイトルを目指しましょう。

◎読み手の「自分ごと」になっているか？

タイトルが、読み手にとっての「自分ごと」になっているかも確認しましょう。

発信の主体を「企業」という概念ではなく「経営者」という一人の人間に絞り、取材においても読者の代表として「聞き手が本当に気になること」を引き出すことによって、必然的に読者との接点はできているはずです。中身は読者の自分ごとになっているはずです。

そこでタイトルにおいても「ああ、これは自分が読むべきものだな」と思えるようになっているかを確認しましょう。一人の人間である経営者に対して、読者が「わかる」「自分と一緒かも」「共感できる」と思ってくれるようなタイトルかどうか、ということです。

◎引きになるワード（固有名詞、数字など）が入っているか？

たとえば「36歳で印刷会社の社長になった僕が、減り続ける売上をなんとか立て直した話」というタイトルはいくつかの引きになるワードが入っています。

まず「36歳」という具体的な年齢は36歳前後の人のみならず、多くの人が「ん？」と思うワードです。「印刷会社」というワードも引きになります。印刷会社は斜陽産業であるという文脈がすでにあるので「そういう会社をどう立て直したのだろう？」という思いにつながります。

また、なるべく固有名詞を入れることも大切です。企業の発信となると、某スタートアップや某インターネット会社などと、ぼかしたくなるかもしれませんが、NGです。**メルカリならメルカリ、サイバーエージェントならサイバーエージェントと固有名詞を入れることでインパクトはまったく違ってきます。**

ただこれは多くの人が「ああ、あれね」と思い浮かぶような固有名詞でないと意味がありません。ぜんぜん知らない社名や人の名前をタイトルに入れても、むしろ「自分とは関係ない話かな」と思われてしまい逆効果になることも付言しておきます。

◎情報量は多すぎないか？

引きになるワードはあるといいのですが、逆に多すぎるとよくわからなくなってしまいます。情報量が多すぎると読み手は一瞬で意味がとれずに混乱してしまいます。

たとえば「36歳で印刷会社の社長になった僕が、減り続ける売上を3年で30億円まで伸ばして立て直した話」だとどうでしょうか？　パッと読んで、意味を理解するまでに少し時間がかかったかもしれません。

たしかに「30億円」のような金額を入れることは引きにはなるのですが、すでに「36歳」「印刷会社」などの引きがあるワードがあるので、**さらに強いワードを入れると打ち消し合ってしまうのです。**情報量は盛り込みすぎないようにしましょう。

◎読み手のメリットが想起できるか？

何のメリットもないのに何かしらの文章を読む人はいません。書籍であれば、詩やエッセイなど特段のメリットがなくても読んでくれる人はいるかもしれませんが、SNS上では何かしらメリットを感じないとわざわざ読んではもらえません。

そこで「面白そう」でも「役立ちそう」でも何でもいいので、メリットを想起させるタイトルをつけることがポイントになります。**「この記事を読んだらどういいことがありそうか？」をさりげなく明示する**わけです。

意外と大事なのが、この「想起」という部分です。メリットを意識しすぎると「全ビジネスパーソン必読！」とか「採用にお困りの方、必見！」などと言ってしまいがちです。それで読まれる場合もあるのですが、そういうコンテンツは他にも山ほどあるので意外と読んでもらえないのです。もし読んでもらえたとしても、それだけ大袈裟なタイトルの記事をシェアするのは恥ずかしいので、あまり広がりません。

人は基本的に「これはあなたが読むべきものですよ」と押し付けられると引いてしまいます。「あなたが読むべきものですよ」と他人からは言われたくないのです。そうではなく**「これは自分が読むべきものだ」と思いたい。自分が見つけたいのです。**よって「経営者必読！　会社を潰さないための10か条」といったダイレクトなものよりも「会社を3社潰してしまった僕がようやくたどり着いた、経営でいちばん大事なこと」くらいのタイトルのほうが読んでくれるはずです。

◎感想を言うための「余白」があるか？

感想を言うための余白があるかどうかも大切なポイントです。

たとえば「泣ける！」とか「思わず最後まで読んでしまう！」みたいなワードがタイトルに入っていたらどうでしょうか？　ちょっと興ざめですよね。ここまで露骨なタイトルはあまり見かけませんが似たようなことはやってしまいがちです。先ほどの「全ビジネスパーソン必読！」「採用にお困りの方、必見！」などはその例です。

これらのワードは読み手が感想として言うから魅力的なのです。自分から「これは役立ちますよ！」「面白いですよ！」と言っては信憑性ゼロです。その記事を読んだ読者が、思わず「これは全員必読です！」と言いたくなるようなコンテンツを目指しましょう。

◎自分だったらクリックするか？

最後のこの項目がいちばん難しいですが、いちばん重要です。

基本的に、自分がクリックするタイトルでないと他人もクリックしてくれません。よって、**一度タイトルを決めたら少し寝かせてみて、まっさらな気持ちで再度見てみましょう。**

そこで「自分だったらそのタイトルでクリックするかどうか」を想像してみるのです。「そのタイトルがXのタイムラインに流れてきたらクリックするだろうか？」「Facebookで誰かがシェアしていたらクリックして見に行くだろうか？」と具体的にイメージしてみる。

そこで「うん、これは思わずクリックしちゃうね」と思えたら合格です。

タイトルに行き詰まったときのヒント

なかなかタイトルが思いつかないときは、次の2つを試してみましょう。

ひとつは「何がどうなった話なのか？」をそのままタイトルにするということ。もうひとつは、その記事の何が面白いのかを誰かに説明してみるということです。

◎「何がどうなった話なのか？」をそのままタイトルにする

タイトルをずっと考えていると、頭が混乱してきて、わけのわからないタイトルを付けそうになります。そういうときは一度、シンプルに考えてみることをオススメします。

多くのコンテンツは「○○が△△になった」というタイトルに落とし込むことができるはずです。混乱したときは「何がどうなった話なのか」をシンプルにタイトルにすることを試してみましょう。

人が注目するのは「ギャップ」です。 AがBになる。その「差」に人は注目します。ライザップのCMも、独特の音楽とともに「この人がこうなりました」というビフォー・アフターが示されますがそのギャップが面白いのです。**そして人が次に思うのは「その間に何があったのだろう？」ということです。** それが知りたくなってクリックしてくれます。

例えば「高卒の元バンドマンがバイトをめちゃくちゃがんばってたら、社長になってた話」というタイトルはどうでしょうか？「高卒・バンドマン・バイト」というワードと

Photo by 17genai

高卒の元バンドマンがバイトをめちゃくちゃがんばってたら、社長になってた話

596

中屋祐輔／ドットボタンカンパニー代表取締役
2022年2月1日 12:01 フォローする

ぼくのキャリアのはじまりは「フリーター」でした。

社会に出たのは19才のとき。大学には行っていません。

高校を出てからは、ずっとバンドをやっていました。本気でプロを目指していましたが、なかなか売れず、くすぶっていたんです。

そんなとき、父がC型肝炎という病気だとわかりました。

「もう長くない」と通告され、ぼくはどうしたらいいかわかりませんでした。「このまま親のすねをかじりつづけるわけにはいかない」「とにかくなにか仕事をしなければ」と、アルバイトをはじめました。

バイト先に選んだのは、地元大阪の箕面にできた「Right-on」。「仕事中も、店内にかかっている洋楽を聴けるから」という理由でした。

ドットボタンカンパニー代表、中屋祐輔さんのnote

「社長」というワードのギャップがあって、気になります。「その間に何があったんだろう?」とクリックする動機も生まれます。ちなみにこのギャップが大きいほうがインパクトがあるのは言うまでもありません。

「売上360億円の上場企業は、父が売った『1台の車』から始まった」も時系列の前後は逆ですが、同様の構造です。「1台の車から始まって、どうやって売上360億円にまでなったのだろう?」と思ってもらえます。

◎その記事の何が面白いのかを誰かに説明してみる

記事の内容や自分が面白いと思う部分を人に喋ってみると、ポンとタイトルが生まれることがあります。以前『心理的安全性』をバリューに掲げたけど、ほぼ効果がなかった話」というタイトルを付けて、多くの反響をもらったことがありますが、これは他人に口頭で説明しているときに生まれたタイトルです。

この記事の内容は、会社のバリューを「セカンドペンギン」に刷新したという話です。先陣を切って新しいことに挑む人を「ファーストペンギン」と呼びますが、この会社ではファーストペンギンを応援する人を「セカンドペンギン」と定義づけました。会社として

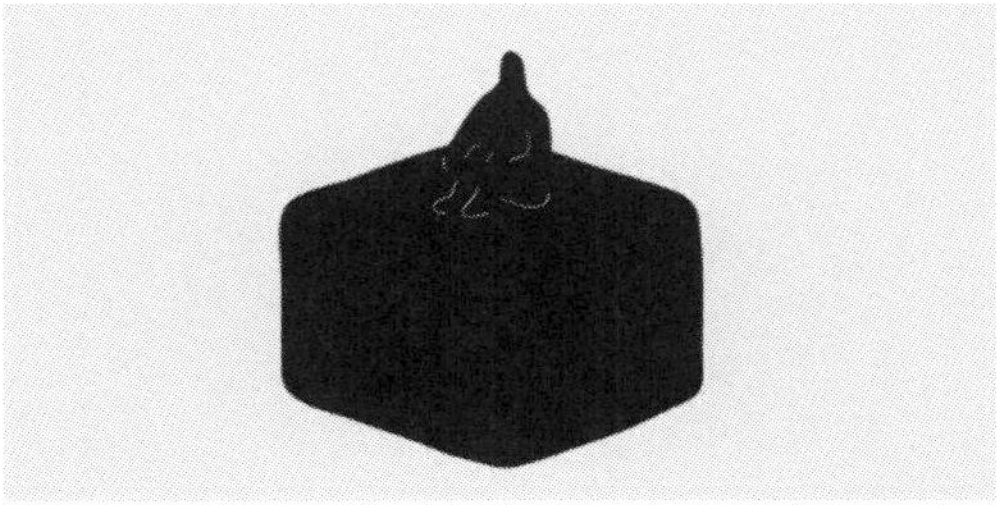

Photo by *hamahouse*

「心理的安全性」をバリューに掲げたけど、ほぼ効果がなかった話

1,824

藤田 雄一郎
2023年8月29日 11:53 フォローする

今回は、組織づくりについての話。

現在うちの会社は７期目で、メンバーは業務委託の方を含めると100人近くになりました。

おかげさまで退職率も低く**「みんないい表情で働いてますね」**と言っていただくことも増えました。心理的安全性も高く、「組織をよくするために自ら積極的に動く」というカルチャーが醸成されていると自負しています。

ただ、ずっと平和でいい感じだったのかというと、そんなことはありません。当初、組織づくりはめちゃくちゃ大変で、**起業して最初の２～３年はずっと組織のことで悩んでいました。**

そんな状態から、どうやって今のようになったのか？

同じように**組織づくりに悩んでいる人のヒント**になればと思い、僕の経験を書いてみたいと思います。

ファンズ代表、藤田雄一郎さんのnote

「セカンドペンギン」を増やすことを奨励することで、結果的に「ファーストペンギン」も増えて会社が活性化したそうです。

内容も少しわかりにくいので、どういうタイトルにすべきか悩んでいました。「セカンドペンギン」がテーマではありますが、それをタイトルに入れても意味が伝わりづらい。かといって「ファーストペンギンを増やすためにやったこと」というのもイマイチです。

そこで僕は、この記事を社内の人に説明してみました。

「このバリューができる前は『心理的安全性のあるチーム』というバリューだったらしいんだけど、ぜんぜんうまくいかなかったみたいです」。**ひと通り説明し終わると「『心理的安全性』って、けっこういろんな会社で言われてるけど、怪しいワードだよね（笑）」といったように盛り上がりました。**そこで「心理的安全性をバリューに掲げたけど、ほぼ効果がなかった話」をそのままタイトルにすればいいのではないか、というアイデアが出たのです。

タイトルに迷ったら「その記事の面白いところ」や「ひとことで言うとどういう内容か」を人に説明してみると、いいタイトルが生まれるかもしれません。

最後まで読まれる文章はどこが違うのか？

「長文」には大きなアドバンテージがある

たまに「長い文章は読まれない」と思っている人がいます。そういう人は「記事も2000文字くらいじゃないと読まれないんじゃないか？」と思い込んでいます。

そんなことはありません。

真実は「長い文章が読まれない」のではなく「つまらない文章が読まれない」のです。つまらない文章は短くしたところで読まれません。長くても短くても、つまらなければ読まれないのです。

逆に、長くてグイグイ読ませる文章の威力は、途轍もないものがあります。映像に置き換えるとわかりやすいかもしれません。30秒とか1分程度の動画だと、一瞬の爆発力はあるのですが「没入度」としては低いでしょう。しかし2時間とか3時間の映像を見せ続けることができれば、没入度は高くなるはずです。

たとえば「千と千尋の神隠し」が1分の動画だったら、そこまで没入度は高まらないはずです。2時間ほどの作品だからこそ、その世界観に浸らせることができるわけです。

文章も同じです。長い文章を読んでもらうことができれば、書き手の世界観に浸らせることができます。当然エンゲージメントは高まり、ファンになってもらうことも可能です。

冒頭で「動機づけ」をする

長い文章を最後まで読んでもらうにはどうすればいいのでしょうか?

キーワードは「動機」です。**読む側に「読むための動機」があれば、長文であっても喜んで最後まで読み続けてくれます。**

最後まで読んでもらうためには、文章の「冒頭」がポイントです。「読み始めてくれるかどうか」はタイトルによる部分が大きいのですが「最後まで読んでくれるかどうか」は最初のワンパラグラフ、5〜10行くらいにかかっています。

「構成は考えなくていい」と前述しましたが、冒頭を少し工夫できれば読了率は高まります。文章の冒頭で「この文章を最後まで読み切る動機づけ」ができれば、その文章を最後まで読んでくれるはずです。

ではどういうことを示せばいいのか？　いくつか案を示したいと思います。

◎「何項目あるのか」を示す

ひとつめは「この文章でいくつの項目を披露しようとしているのか？」をあらかじめ明確にしておくことです。

冒頭で「採用を強化するための5つの戦略がありました」とか「○○するための7つのコツをお伝えします」と書いてあれば「ああ、あとこれくらいあるんだな」と安心して最後まで読み進めてもらえます。もしくは「とりあえずその5つってなんだろう？」と興味を持ってもらえます。

「3つお伝えします」「5つの壁がありました」などと数字を入れておけば、流し読みされるかもしれませんが、一応最後まで見てくれるはずです。長文であっても最後まで読んでもらえる可能性は高まります。

◎「読むと何が得られるのか」を示す

2つめは「これを読むことで、どんないいことがあるのか」を示すことです。最後まで読み終えたときに読者は何を手に入れることができるのか？　そこをまず明確にしておくと「とりあえず最後まで読んでみよう」と思ってもらえます。

たとえばこんな文章から始まっていたらどうでしょうか？

世の中にはいろんな文章がありますが、お金を払ってもらえる文章とそうではない文章があります。

いちばんわかりやすいのは「本」ですよね。本というのは紙に文字が書いてあるだけなのですが、みんな１３００円なり１５００円なりを払ってくれます。

なぜ、この世には「お金を払ってもらえる文章」と「払ってもらえない文章」があるのか？　そこを読み解いていくことで、価値ある文章を書くためのヒントが見えてきます。

冒頭で「なぜ、この世には『お金を払ってもらえる文章』と『払ってもらえない文章』があるのか？」という文が出てきます。この文によって、読者に「この記事を読めばお金になるような文章が書けるかもしれない」「文章が仕事にできるかもしれない」と思ってもらえます。**記事を読み終わったあとに「お土産」があるかもしれない。**だから最後まで読んでみようと思えます。

また**「最後まで読んだときにどういう気持ちになるのか？」を示す**ことも有効です。本の編集のときによく使う表現ですが「これを読み終わるころには心が軽くなっているはずです」とか「本を閉じたあと、きっと勇気が湧くはずです」などとお伝えする。読み終わったあとの気持ちを先回りして伝えてあげると最後まで読んでくれる確率は上がります。

「謎解き構造」にすると最後まで読まれる

3つめは「謎解きの構造」にすることです。謎解きの構造とは、つねに「この先どうなるのだろう？」と思わせ続けながら文章を構築していくことです。

まず冒頭で大きな「謎」を投げかける。そして文章を読み進めていくごとに疑問を少しずつ解いていき、最後に全部の謎が解けて文章が終わる。そういう構造にしておけば、途中でやめる人は少なくなります。たとえば「会社が大借金を抱えてつぶれそうになったけど、そこから奇跡の大復活を遂げて上場まで行った」という話だとわかれば、とりあえず「そのあいだに何が起きたか？」といった次のトピックなどはみんな気になるはずです。

・借金をいかに返したか？
・ターニングポイントはなんだったのか？
・どうやって上場まで至ったのか？

つねに「謎」を投げかけて、それを少しずつ読者と一緒に解いていく。そうすることでずっと惹きつけながら文章を読んでもらうことができます。

今も昔も、テレビをつけるとクイズ番組がよくやっていますが、もともと人間は謎解きが好きなのでしょう。「地球はどうなっているのか？」「この先には何があるのか？」という謎解きマインドが人類を発展させてきました。あなただって「どうすれば幸せになれるのか？」「人生とは何か？」といった謎に向き合っているはずです。みんな、長い文章を読みたいわけではありません。ただ、「謎解き」はしたいのです。

発信することで腕を磨いていく

本当に面白いのか不安になったら？

一人で原稿を編集していると、本当にこれが面白いのかわからなくなるときがあります。そんなときはまわりの人に原稿を読んでもらいつつ「この話のどこが面白いと思ったのか？」「ようするにどういう話なのか？」を口頭で説明してみるといいでしょう。

僕の会社では、社外アドバイザーの編集者に原稿のフィードバックをもらっています。原稿を読んでもらうと「うーん……この話のどこが面白いと思ったの？」と聞かれることがあります。口頭で「いや、この人ってこうなんですよ！」と説明すると「へえ、その話面白いね！　今の話の流れのまま、まとめればいいんじゃない？」とアドバイスされることがよくあります。

たとえば元医師の起業家の話をどうまとめるか迷っていたとき「どこが面白いと思ったの？」と聞かれました。僕はこんなふうに答えました。

「その人って、もともと医者で10年くらい働いてたのに、いきなり病院を辞めちゃって、何の伝手もないのに起業したんですよ。で、1社目はうまくいかなくて。やっぱり医療系のビジネスをやろうと思って、今はＤＸを強みにしたクリニックを複数経営してるんです。起業で身につけたデジタルの知見と医療の知見の掛け算が面白いんですよね」

こう話すと「面白いね」と言われて、うまく記事をまとめることができました。一人で書いていると何が面白いかわからなくなってきます。そういうときは、**まわりの人に簡単に説明してみると取材で何が面白いと思ったのかを思い出せる**はずです。

新入社員やインターン生に読んでもらう

コンテンツは取材の場にいなかった人に読んでもらうといいでしょう。うちのアドバイザーも取材には一切出ることはありません。

オススメは新入社員やインターンの方に読んでもらうことです。会社の関係者ではあるけれど、まだ深く関わっているわけではないので、外からの視点も持っている。そういう人に**「ぶっちゃけ、このタイトルでクリックする？」「読んでみてどうだった？」**と聞いてみてください。すると「ここがわかりづらい」とか「この話が長くて飽きる」などの指摘をもらえるはずです。

よりハードルを上げるなら、友だちや家族など会社とはまったく関係ない人に読んでもらいましょう。このとき、忖度せず「厳しい読者」になってもらうことがポイントです。

最初のうちは、タイトルすら引っかかってくれないケースがほとんどだと思います。「読んでね」と言えば読んでくれるかもしれませんが「そもそも読みたくない」人がほとんどであることに気づくでしょう。ショックではあるのですが、ただそうやってフィードバックを受けて改善していくと、徐々に反応が良くなっていくはずです。

発信はゴールではなくスタート

原稿ができて、まわりに読んでもらったら、思い切って発信してしまいましょう。ここからはあまり時間をかけてこねくり回してもいいことはありません。Xやｎｏｔｅで発信することを「ゴール」だと思っている人がいますが、発信は「スタート」に過ぎません。

インターネットの世界では、ブラウザやスマホの向こう側にすぐ読者がいます。発信すると読者がダイレクトに反応してくれる。瞬時に「市場」につながります。そこでどんどん発信してアウトプットしていけば、どんどん市場からフィードバックをもらうことができます。そこからPDCAをがんがん回して、改善していくことが大切なのです。SNS時代は**「まず世に出して、そこから改善していく」のが正解**です。

アウトプットを「ゴール」だと考えている人は、アウトプットをものすごいことのように考えています。中には「一世一代のオーディション」くらいに捉えている人もいます。しかし、発信した情報はいきなり何千万人に観られるわけではありません。「紅白歌合戦」に出るのとは違うのです。

最初に見られるのは、せいぜい数十人から数百人くらいでしょう。それくらいの人に見てもらって、そこでのフィードバックを受けて改善していく。小さなマーケットで「実験する」くらいの意識のほうが気軽に楽しくアウトプットできますし、結果としてコンテンツも磨かれていきます。

「発信はスタート」のマインドで、楽しくアウトプットしていきましょう。そのうちに「ああ、これはうまくいくんだな」「これはうまくいかないのか」というのがだんだんわかってきます。ウケるウケないの感覚がつかめてきます。そうやってクオリティを上げていくことで、最終的に大きなマーケットでも反響を得られるようになります。

そしてSNS時代は「最高のものをみなさまにお届けします」という意識ではなく**「まず現段階のものをお見せしますね！　みんな感想ちょうだい！」くらいの意識**でいたほうがいいかもしれません。「完パケ主義」というより「カイゼン主義」。一方的に「出す」というよりも「コミュニケーション」をとりながら、みんなでよくしていくイメージのほうがうまくいくはずです。

発信しないと勝手にハードルが上がっていく

発信せずにいつまでもコンテンツを触っていると、どんどんハードルが上がっていきます。「これだけ時間と労力をかけたからには失敗できない！」と思ってしまうからです。

しかし現実は厳しいもの。たいてい最初の発信はうまくいきません。

発信をゴールだと考えている人は、そういうときに落ち込んでしまうのです。何週間も何ヵ月も、下手したら半年くらい「あたためて」から出したものなので、それが失敗するというのは大惨事なのです。するとますます次の発信が怖くなります。次のアウトプットまでの期間も長くなる。ＰＤＣＡの回数も減り、改善の機会もそれだけ減ってしまいます。

発信をスタートだと考えていれば、いきなり結果が出なくても焦りません。「ここから始まる」と思えるからです。**情報発信において、失敗は日常茶飯事です。**失敗に慣れておけば、恐れなくなります。だからどんどんアウトプットできるようになる。アウトプットのハードルは自然と下がっていき、結果的に早くうまくいくようになります。

僕はもともと自意識が高いほうだと思いますが、日々Ｘで発信したり、定期的にｎｏｔｅで発信したりすることで「スベったらどうしよう？」とか「これ、どう見られるかな？」といった自意識はずいぶん低くなりました。発信を習慣にできれば、一回一回の発信を気にすることもなくなります。息をするようにアウトプットする。そうすれば「さっきの呼吸、どうだったかな？」などとは思わなくなるはずです。

「アウトプットがゴールだ」と思うと「失敗できない」というマインドになってしまい、肩に力が入ってしまいます。繰り返しますが、今の時代「アウトプットはスタート」なのです。そこから改善していけばいいのです。

「グッドビーンズ」を目指せばいい

こんな話を聞いたことがあります。

ある珈琲豆の焙煎士は「美味しい珈琲を目指してはいけない」と言ったそうです。なぜなら「美味しい」の基準は千差万別だからです。苦い珈琲が好きな人もいれば、渋みのある珈琲が好きな人、酸味のある珈琲が好きな人など、人によって好みは異なります。だから、全員にとっての「美味しい珈琲」というのは目指せないのです。

ではどうするか？　彼は「グッドビーンズを目指せ」と言いました。**焙煎士ができることとは、最高の焙煎をして、その豆をベストな状態（グッドビーンズ）にすることだけ。**そうやって「いい豆」ができれば、それを「美味しい」と言ってくれる人が現れます。

コンテンツ作りも、この考え方に似ているのかもしれません。

そもそも全員にとっての「面白い」を目指すことは非現実的です。何を面白いと思うかは、置かれた立場や年齢などによって違います。感覚はそれぞれ違う。だから僕は少なくとも「自分が」面白いと思うものを目指そうと伝えてきました。

この焙煎士の言葉を借りれば、コンテンツの作り手ができることも「グッドビーンズ」を目指すことだけなのかもしれません。これまでに説明したように、必要な準備をし、取材をし、魅力的な言葉を引き出し、その言葉を伝わるようにパッケージする。そこから無理に面白くしようとすることは余計なことなのでしょう。

編集の段階でどんなに頭を捻っても、取材の現場で感じた面白さを超えることはできません。ひと通り編集が終わったら、なるべく早く外の空気に晒すことが大切です。**やるべきことをやって「いいコンテンツ」ができていれば、何も心配することはありません。**

第7章

「noteとX」が最強の組み合わせ

経営者の発信は「ｎｏｔｅ」が最適

企業のサイトやブログではダメな理由

長文のコンテンツを発信するなら、自社のサイトやブログを使う手もあります。しかし僕はあえて「ｎｏｔｅ」をオススメしています。企業の発信こそｎｏｔｅを使うことが有効なのですが、その理由をいくつかご紹介します。

まずシンプルに**「読みやすい＆書きやすい」**ということです。ｎｏｔｅのデザインはとてもスッキリしています。フォントや行間なども読みやすく調整されており、ブラウザからもスマホからもすいすい読むことができます。煩わしい広告も入りません。ＵＲＬをクリックして開くまでの時間も短くて、すぐに読むことができます。編集の画面もシンプルで、余計な機能もないので初心者でも使いやすいと思います。

また、**多くの人に読んでもらう仕組み**もあります。ひとつのｎｏｔｅを見ると末尾に「こちらもおすすめ」という欄が出てきてｎｏｔｅ内での回遊を促してくれます。反響があると「今日の注目記事」にピックアップされ、ｎｏｔｅ全体のトップページに掲載されます。9万人以上のフォロワーがいるXのｎｏｔｅ公式アカウントで紹介してくれることもあります。

さらに、ｎｏｔｅ社はSEO対策を頑張ってくれているように感じます。**いい記事を作成すれば、グーグル検索で上位に上がってくる。**僕らのクライアントも「会社名　社長の名前」で検索するとｎｏｔｅの記事が上位に出てきます。これはブランディングや採用において、見た目以上の価値があるはずです。

「オフィシャル感」は邪魔である

企業の発信においては「人」を前に出すことが重要だとお伝えしてきました。これだけ情報が溢れる中で、個人の熱を伝えることが他社との差別化になり、ブランディングにつながるからです。

自社サイト内でブログを書いたり、自社のオウンドメディアを作ったりして、そこで発信してしまうこともNGではないのですが、このやり方だとオフィシャル感が出すぎてしまい読まれなくなってしまう可能性が高いのです。**「会社っぽさ」が前に出てしまうと、特に学生や採用候補者などには敬遠されてしまいます。**

その点でｎｏｔｅは絶妙にオフィシャル感が薄れるので、多くの人に発信するツールとして最適です。「個人が発信する場所」という文脈がすでにあるのです。よって企業の発信であっても一人の人間が発信している感じが出て、読んでもらいやすくなります。ｎｏｔｅではいろんな個人が日記やエッセイなどを書いていますが、そこに混ぜてもらえる。それがいいのです。

ちなみにｎｏｔｅ以外のオススメは、ウォンテッドリーの「ストーリー」と「LinkedIn」です。ウォンテッドリーは採用広報として記事を発信する場合に最適ですし、LinkedInは経営者や経営層、海外のビジネスパーソンがよく見ているので、そういった人たちに届ける場合に最適です。いずれにせよｎｏｔｅ用にコンテンツを作成し、必要に応じて、ウォンテッドリーやLinkedInに転載するといいでしょう。

noteという「街」へたどり着くまでの「道」を𝕏で作る

noteは街、Xは道

noteは「街」のように、すでに多くのお店があります。その街に「出店」することで多くの人に見てもらえる可能性が高まります。ただ、出店しているだけでは十分ではありません。新参者が出店するというのは、大通りに面していない場所にお店を開くようなものだからです。よって、たくさんの人が行き交う大通りに「こっちにお店がありますよ！」と示さなければいけない。そこで必要になってくるのが「X」です。

noteが「街」なら、Xは「道」です。

Xも同時に発信することで、読者がｎｏｔｅの記事にたどり着くまでの「道」を作るのです。ｎｏｔｅ内での回遊もあるとは思いますが、**ｎｏｔｅの外から人を呼び込むための導線、道がないとせっかくのコンテンツもその存在に気づいてもらえません。**

僕個人も、企業の発信をお手伝いするときも、この「ｎｏｔｅとXを同時に運営する」やり方で双方のフォロワーを伸ばしてきました。ｎｏｔｅを書いたらXで宣伝する。すると、ｎｏｔｅを読んでくれた人が感想をXに投稿してくれるので、それをリポストしたり、御礼のコメントを返したりします。そうやってどんどん拡散されていきます。

ｎｏｔｅを多くの人に読んでもらうためにも、Xを使って拡散しましょう。ｎｏｔｅを書いただけでは、なかなかお客さんは来てくれません。

書いたｎｏｔｅを紹介するときに「書きました！」というひとことだけを添えてXにｎｏｔｅのリンクを投稿する人がいますが、それだとなかなか読んでもらえません。Xのポスト自体が面白くないとｎｏｔｅまで読みに来てはくれません。看板が魅力的でないとお店に来てくれないのと同じです。

よって、**ｎｏｔｅのいちばん面白い部分をXのコンテンツとして出してしまう**ことをオススメします。「いちばん面白い部分やオチをXで言ってしまったらｎｏｔｅに来てくれ

工藤太一 @910surf · 2021年12月20日
社員に伝えている「ミス」についての考え方です。これを徹底して、ミスは随分減りました。
①エラーした人を責めない
②チェック回数は増やさない
③対応は対策に勝る
④ミスは頻度で見る
「正確さが命」の印刷会社がたどり着いた、ミスを減らす４つの方法
@910surf #note
「正確さが命」の印刷会社がたどり着いた、ミスを減らす４つの方法｜工藤太一...
note.comから
30
141

noteのオチをXで言ってしまう

ないんじゃないか」と思われるかもしれませんが、逆です。Xが面白ければ、もっと詳しく知りたいと思ってｎｏｔｅを読みに来てくれるはずです。

ちなみにTwitter時代は１４０文字までしか投稿できませんでしたが、Xになってから長文もポストできるようになりました。よって**タイムラインにそのまま長文のコンテンツを流してしまう**のも手です。フォロワーがある程度いれば、そのまま何百人、何千人に届けることができます。

Xはｎｏｔｅの マーケティングの場にもなる

Xは、ｎｏｔｅのマーケティングの場としても使えます。

Xで小さいコンテンツをたくさんばらまいていくと「リーダーの話をするとウケがいいんだな」とか「いきなり事業のことを話しても反応が薄いな」といったことがある程度わかってきます。すると、どこに注力してコンテンツを制作すればいいのかが事前に把握できて効率がいいのです。

ｎｏｔｅを書くのはそれなりに大変です。ｎｏｔｅを書いてみたものの、ぜんぜん読まれないというのはつらい。そこで、**Xでネタをいくつも発信しておいて、その中でウケがよかったものをｎｏｔｅにまとめる**わけです。すると、まったく読まれないという事態は回避できます。Xがマーケティングの場になる、とはそういうことです。

Xという場で「何が読まれやすいのか？」「何がウケやすいのか？」を把握すれば、安心してｎｏｔｅが書けるようになります。その点でも「ｎｏｔｅとXはワンセット」で運営することをオススメします。

「ｎｏｔｅとＸ」で発信するときのＮＧ行動

連載はＮＧ

ｎｏｔｅの発信において気をつけたいことがいくつかあります。

まず基本的に「連載はＮＧ」ということです。

よく「創業期の話をまとめてみたら1万文字になっちゃったから、3回に分けて3000文字くらいにしよう」というように、やたら連載にしたがる人がいます。ただそこは1本にまとめて一度に出すことをオススメします。**つまらない1万文字は読まれませんが、いいコンテンツになっていればむしろ長いほうが伝わりますし、長く残ります。**

インターネットでは、どういうバックグラウンドの人が、どういう流れでそのｎｏｔｅにたどり着くかわかりません。誰がどこから読みに来てくれるかわからない。だからどんな人が来ても、それだけで理解できるコンテンツである必要があります。

複数の記事を出していても、どのｎｏｔｅから読まれるかはわかりません。全員が１本目から読んでくれるわけではない。３本目から読む人だっています。会社の紹介は１本目で済ませたから「みんな自社のことを知っている」という前提でコンテンツを作ってしまうと、途中から入った人は何のことだかわかりません。「３本目のｎｏｔｅを理解するには、１本目のｎｏｔｅから読まなければいけない」というのではダメなのです。読者とはつねに「初対面」だと思ったほうがいいでしょう。

ｎｏｔｅ１本のイメージは「連続ドラマ」ではなく「１本の映画」です。 もしくは「一話完結のドラマ」です。どの回から見ても面白い、一話完結の意識でまとめてみてください。

「リンク」の多用もＮＧ

また、「詳しくはこちら」と書いて他の記事やサイトに飛ばすのもなるべく避けたほうがいいでしょう。「創業期の話はこちらに書きました」などと書いてリンクを貼るのは楽ですが、書き手本位のやり方です。読者からすると、簡単でいいからそこに書いておいてほしいはずです。

同じ理由で、途中で動画を挟んだりするのも避けたほうがいいでしょう。読者は一気にその文章を読み切りたいのです。それを邪魔してはいけません。**あちこち飛ばしたり、途中で立ち止まらせたりしては、読み手の集中力を奪ってしまいます。**

ラストに告知や宣伝を入れるのはどうでしょうか？「採用強化中です！ エントリーはこちら」といってリンクが貼られていることはよくあります。

これにはメリット・デメリットがあります。メリットは当然、多くの人の目に留まるということです。一方で「シェアされづらくなる」というデメリットもあります。**人は「読後感」によってシェアするかどうか、他人に勧めるかどうかを決めます。**よってラストに告知や宣伝があることで、シェアする気持ちを萎えさせてしまう可能性があるのです。

コンテンツがよければ、読者は勝手に会社や経営者のことをフォローしたり検索したりしてくれます。告知はその後でもいいかもしれません。ついコンテンツを呼び水にして宣伝につなげたくなりますが、あまりに露骨だと敬遠されてしまうということも頭に入れておくといいと思います。

即効性を求めるのはＮＧ

ｎｏｔｅでの発信において、焦りは禁物です。

発信を始めてすぐに効果が出るとは限りません。ｎｏｔｅだと１００の「スキ」がつくのも大変でしょう。一桁しかスキがつかなくてガッカリ、というケースも多いと思います。効果は長期的に考えて、淡々と発信を続ける人のほうが結果的にうまくいきます。

そもそも経営者の半生や社史をまとめた時点で価値は十分あるのです。特にｎｏｔｅはストック型のコンテンツとして価値があります。初速で「イマイチだったかな」と思ってもそこで諦めずに、ストック型のコンテンツを作った時点で成功だと考えて、楽しみながら続けましょう。公開して数週間後にじわじわ伸びていくこともありますし、１年後にインフルエンサーの人が拡散してくれて急に読まれ始める、なんてこともあります。短期的にバズる価値もありますが、何年も読み継がれることの価値も高いのです。

また、ＰＶ数やスキ数だけでなく、個々のコメントにも注目してください。いいコンテンツであれば何かしらコメントがつくはずです。わざわざコメントしてくれることのエンゲージメントのパワーは強力です。きちんと一人一人に届いていることを実感しながら、自分なりに発信を続けていきましょう。

発信は、遅れて効いてくる

「即効性」はないかもしれませんが、発信は遅れて効いてきます。

僕自身、コンテンツを出してから3ヵ月後とか半年後に仕事の依頼が来たりします。**発信したことを忘れかけた頃に、ポンとメールが来るわけです。**「どこでこれを知ったんですか?」と聞くと「以前、顧問編集者についてのnote出されましたよね? それを読んで、詳しくお話を伺わせてほしいと思って……」などと言われます。

なぜそうなるのかはわかりません。noteを書いた直後に読んでくださって、すぐ問い合わせることはなかったけど、ふと思い出して連絡してくださったのかもしれない。ちょうど会社の発信に困って、そのnoteを思い出してくれたのかもしれない。もしくは、検索などで引っかかってそのnoteを発見して声をかけてくれたのかもしれない。

いずれにせよ「発信」から「具体的な問い合わせ」が来たり、さらには「成果」が出たりするまでにはタイムラグがあることを実感しています。

この現象をリアルに置き換えると、納得がいきます。考えてみれば、いきなり会ったこともない人に「こういうサービスがあるんですけど、どうですか？」と言われて、飛びつくことはほぼありません。「うーん、まあまあいいけど、まだよく知らないしなー」とか「まだ信頼はできないかな」ということで保留にすることがほとんどです。

ただ、そのあとも何度か目にしたり、詳しい説明を読んだり、他の人から評判を聞いたりすると「やっぱりここにお願いしようかな」と思えます。そこで初めて問い合わせをする、というのがよくある流れでしょう。

つい「発信したらすぐに何か反応があるんじゃないか？」「仕事につながるんじゃないか？」と期待してしまいます。でも**発信をしていきなり問い合わせがくるなんてことは期待しないほうがいい**でしょう。まさに、リアルで人にアプローチするように、継続的に発信する。それで3ヵ月、4ヵ月、半年と続けていくうちに、そこにそれなりの信頼が生まれます。ひとつひとつの発信が少しずつ、その人に対する信頼を生んでいく。そして、その信頼がコップを満たした瞬間に、問い合わせや採用、仕事につながるわけです。だからこそ、一回の発信に一喜一憂せず、発信を続けていくことが大事なのです。

「X」での発信を躊躇《ちゅうちょ》している経営者へ

経営者は「インフルエンサー」にならなくていい

noteだけではなくXもやるといい、というのが本書の主張ですが、そうお伝えするとたまに「別にインフルエンサーになりたいわけじゃないから」という答えが返ってきます。「経営者は経営が仕事なのであって、SNSでフォロワーを増やすなんてダサいし意味があるとは思えない」と。

経営者は「インフルエンサー」になろうとする必要はありません。そうではなく「スポークスマン」になってほしいのです。**経営者は会社のことを伝える最強のスポークスマンになりえます。**社長はピエロになる必要はありません。タレントになる必要もない。そうではなく、会社のことを伝える「スポークスマン」になるのです。広報の方ももちろんスポークスマンなのですが、個人がフィーチャーされるSNSにおいて、会社を代表する人が自ら発信をすることには計り知れない効果があります。

社長の発信はあくまで「手段」です。目的ではない。インフルエンサーになるために発信するわけではないのです。会社のプレゼンスを高める、ブランドを高める、社員のモチベーションを高める、採用の量と質を上げる……そういった「目的」を果たすために「社長の発信」が効果的なのであればやらない手はありません。

「社員のおかげ」を経営者の口から伝えてほしい

「社員が発信すれば十分だ」と考えている経営者も多いでしょう。「経営者が前に出るのは違う。そういうのは広報に任せているし、発信は社員がやればいい」。

それに対して、僕はこう答えています。

それもわかりますが、何度もお伝えしているようにトップが発信することの効果は絶大です。一般の人にとっても、社員や関係者、投資家などのステークホルダーにとっても、会社との接点になるのは「経営者」。会社の活動の中心にいる「経営者」が発信することの意味は大きいのです。

あたりまえですが、会社の代表は経営者です。

「ユニクロといえば誰が思い浮かびますか?」と聞けば柳井さんの名前を挙げる人がほとんどです(柳井さんはXをやっていませんが)。楽天だったら三木谷さん、ソフトバンクなら孫さん。そこで広報部長や社員の名前を出す人はなかなかいません。

特にSNSでは「法人」よりも「個人」の声のほうが届きやすいというのは事実。そんななかで会社との「たったひとつの接点」を作るのであれば、それが「経営者」になるのは必然です。そこで経営者自身が発信をすることは理に適っています。

「そうだねえ、でも、役員や社員のおかげだから……」。そう仰る経営者もいらっしゃいます。「自分が前に出るのは申し訳ない。優秀な役員や社員のおかげで私がいるので、自分が発信するのは気が引ける」。その気持ちもよくわかります。でも僕はこう思うのです。

ならば、そのことを社長自身の口で外部に発信してもらえないでしょうか? それがいちばん遠くに届くし、まわりの社員も喜ぶはずです。

経営者のXは、あらゆる場面で役に立つ

また、「発信するのは結果を出してから」「結果を出すまではステルスで行きます」という方もいます。その方針もいいと思いますが、ここは「鶏と卵」じゃないですが「発信をするから結果が出る」ということもあります。

サイバーエージェント創業者の藤田晋さんは、まだまだ会社が小さいころからブログで発信していました。発信することで、理念を浸透させ、会社を大きくしていきました。

対外的な発信を意識しなくても、まずは「社内向け」に発信してみてもいいと思います。Xやｎｏｔｅで社内向けの内容をあえて外部に発信することで、回り回ってインナーに効く、というケースはよく見かけます。

経営者が自分のアカウントを育てておけば、あらゆる場面で役立ちます。

何か問題が起きたときも、会社としてのオフィシャルな見解をすぐに発信できます。不祥事だったり、悪い評判や噂だったりというのは、たいてい第三者が「尾ひれ」をつけていいます。小さな火種から誤解が生まれ、広まっていく。公式の発信が即座にできると、企

業側の意図が丁寧に伝えられます。経営者のアカウントがあるとリスクなんじゃないかと思われる方も多いと思いますが、逆なのです。

イベントごとや何かリリースを出すときも経営者のアカウントがあれば「無反応」ということは避けられます。**経営者のXは、会社まわりのあらゆるニュースを世に出すための「発射台」**なのです。

まず「フォロワー3000人」を目指してみる

経営者がXをやっているだけでも意味があると思いますが、できればフォロワーは3000人くらいを目指したいところです。

フォロワーが少ないことは別に悪いことではありません。200人くらいであったとしても、質の高い200人であれば価値は高いでしょう。ただ、シンプルに「200人のフォロワーがいる経営者」と「3000人のフォロワーがいる経営者」がいた場合、フォロワーの多い経営者のほうが信頼されやすいのは事実です。

個人でやる分には「20人の友だちとワイワイやってるから」でもいいと思います。ただ、企業名を出して経営者としてアカウントを運営していくのであれば、フォロワー数はある程度気にしたほうがいい。また「フォロワーを増やす」という目標があれば、やる気も出るし面白くなってきます。まずは1年間で３０００人を目指してみましょう。

フォロワーを増やすうえでも、認知度をアップするうえでも、「バズ」は大切です。バズることを敬遠する人も多くいますが**「バズらなくていい」と言っている人のほとんどはバズらせられないだけです。**認知度を上げるためには、バズらせたほうがいいに決まっています。もちろんバズに気を取られて、踏み込んだ発言をしてしまったり、読者の負の感情を集めてしまったりするのはＮＧですが、ポジティブなバズのパワーは強大なものです。

「バズ」という言葉はなんとなく「炎上」を想起させますが、バズと炎上はベクトルが１８０度違います。ネガティブな方向に広まっていくのが炎上、ポジティブな方向に広まっていくのがバズです。

誰かに言いたくなる。そこから会話が始まる。伝染していくようなコンテンツを生み出すことができれば、ポジティブな波が生まれていく。それによって自社のことが知られ、信頼が生まれ、いずれ採用や事業にもプラスの影響が出る。いいことだらけなのです。

雑誌のようなアカウントを目指そう

自分のアイコンを「プロデュース」するつもりで

「バズってください」などと言われても「それができれば苦労はないよ」という話だと思います。経営者はコンテンツ作りの専門家ではないので、下手にバズを狙おうとするとうまくいかないかもしれません。経営者としてどのように発信していけばいいか、いくつかヒントのようなものをお伝えできたらと思います。

Xへの投稿は頻度としては1日に3〜4回くらいが適切でしょう。あまり多すぎてもウザがられてしまうからです。逆に少なすぎるのはNGです。**最低でも1日1回は投稿して、フォロワーに忘れられないようにしましょう。**

では、何を発信したらいいのか？　4〜6章で創業期のストーリーや仕事術などのノウハウを言語化・コンテンツ化する方法をお伝えしてきましたが、そうやってできたコンテンツを短くして発信していきましょう。

Xを発信するときのポイントは「自分とは切り離す」ということです。自意識が邪魔をすると、途端に投稿できなくなります。「これを言ったら、あの人にどう思われるだろう?」「これを言うと自慢になるんじゃないか?」と考え始めると手が止まります。

よって、スタンスとしては「自分のアカウントのプロデューサーになる」のがオススメです。**自分と自分のアカウントを切り離して、Xのアカウントをプロデュースするつもりで運営する**のです。僕も自分のアカウントを客観的に見て「この人が何を発信したらウケるだろうか?」「この人がフォロワーに提供できるのは何だろうか?」という視点で投稿を考えています。プロデューサーになれば「何を発信したらいいかわからない」ということは減るはずです。

ちなみにプロデューサー視点は、自分のメンタルを守るためにも有効です。自分自身とアカウントが一体化していると、ちょっと嫌なことを言われたりしただけで傷ついてしまいます。アカウントを客観的に見ておけば、多少嫌なことを言われても「たしかにこの言い方は誤解を生むな」といったように冷静に判断できます。「自分のプロデューサー」になったつもりで自分自身とアカウントは距離をとって運営してみましょう。

リポストだらけのアカウントは「広告だらけの雑誌」

他人のポストを再投稿する「リポスト」は楽だし、やりがちです。会社の公式アカウントの投稿をリポストばかりしている経営者のアカウントもたまに見かけます。しかし、リポストだらけのアカウントに魅力はありません。

僕はよくXのアカウントを「雑誌」にたとえます。Xの運営は、雑誌の編集に似ています。**雑誌は特集があったり、コラムやエッセイがあったりと読者が喜ぶようなコンテンツを提供していますが、Xのアカウントも同じです。**フォロワーが喜ぶようなコンテンツを提供すべきです。

このたとえで言えば、リポストだらけのアカウントは「広告だらけの雑誌」と同じようなものです。オリジナルのコンテンツはほぼなくて、自社の告知や他人のコンテンツばかり。そんな雑誌に読者はつきません。だから、オリジナルのコンテンツを発信していくことが大切なのです。

「面白いことなんて言えないよ」と思ったら

「うちの事業はBtoBで、あんまり語っても面白くないから……」と思った方もいるかもしれませんが、業界や会社の業種などは関係ありません。

ここまでにお伝えしてきたように、発信の主体は「個人」です。よって、発信するときも「会社の経営者として発信する」というよりも「ひとりの人間として発信する」ことを心がけましょう。すると反応は変わってくるはずです。人は「会社」ではなく「人」に興味を持ちます。**ひとりの人間として発信すれば、かならず魅力は伝わるはずです。**

「でも、そんなに面白いこと言えるかな？　発信することなんてあるかな？」と不安になっている方も多いでしょう。別に無理して「面白いことを言おう」とか「コンテンツを生み出そう」としなくてもいいのです。経営者はコンテンツメーカーでもエンターテイナーでもありません。コンテンツを「生み出そう」とする必要はありません。

経営者はぜひ「メディア」になってほしいと思います。**自分というメディアで会社の魅力や社員の活躍を伝える。自分の中から生み出すのではなく、自社のことを伝える。**見聞きしたことをフォロワーにシェアする。その意識でいるとうまくいくはずです。

「発信戦略」なんか立てるな

Xの運営において、あらかじめ「この日にこれをつぶやこう」というように発信のスケジュールを立ててもうまくいきません。

SNS、特にXは「発信」というよりも「コミュニケーション」に近いのです。会話するときに、あらかじめ言うタイミングや話す言葉を決めたりはしませんが、それと同じでXもその場のコミュニケーションだと捉えておいたほうがうまくいきます。スマホの向こう側にいるのは、感情を持った生身の人間です。計画を立てて一方的に情報を発信するよりも、その場その場のコミュニケーションをしたほうが反応してくれます。

もちろん、差別表現はないか、事実関係が間違っていないかという意味での「事前チェック」は必要です。ただ「これはリスクなのではないか？」「あの部署に確認しなければ」などと必要以上に確認してしまうとぎこちなくなります。**チェックが入れば入るほど素直なコミュニケーションができなくなっていきます。**

バズったことで有名になったミュージシャンがこんなことを話していました。

「SNSの空気感は1日で変わってしまうので、今ウケそうな音楽や今の空気感にハマりそうな音楽を作って、その日のうちに出すようにしています」。1週間後に同じものを出しても、今の空気とズレてしまってダメなのだそうです。僕は「時代の流れってそんなに早いのか」と驚きましたが、音楽でそこまで早いのですから言葉ならなおさらでしょう。

真面目な企業ほど発信計画を立てがちです。僕も前にいた出版社で、広報担当から「こういうツイートをしようと思うので確認お願いします」と連絡が来て即座にOKを出したら「了解しました。では来週の水曜公開で進めます」と返事が来てズッコケたことがあります。

成功している企業アカウントは、その場のノリを大切にしています。計画もあるのかもしれませんが、担当者の判断に任せているケースが多いはずです。たとえば最近「名代富士そば」の公式アカウントをフォローしましたが、このアカウントもうまくコミュニケーションができているなと感じます。個人名は出していませんが、運営者の人格が伝わってくる。いい意味で「思いつき」で投稿しているから、体温が伝わるのです。

SNSはコミュニケーション。発信計画や綿密な戦略を立ててもうまくいきません。

Xの投稿が行き詰まったら

「発信」ではなく「コミュニケーション」

Xの投稿が止まりそうになったらどうすればいいでしょうか?

Xは「発信」ではなく「コミュニケーション」に近いとお伝えしました。**普通に生きていたら、発信が止まることはあってもコミュニケーションが止まることはありません。**よって、この理論で行けばXが止まることはありません。一方的な発信ではなく、コミュニケーションが生まれるようにこんな動きをしてみてはどうでしょうか?

・仲のいい経営者の発信に対して、引用リポストで感想を投稿する。

・話題になっているnoteなどの感想を投稿する。これをやると、あなたがコンテン

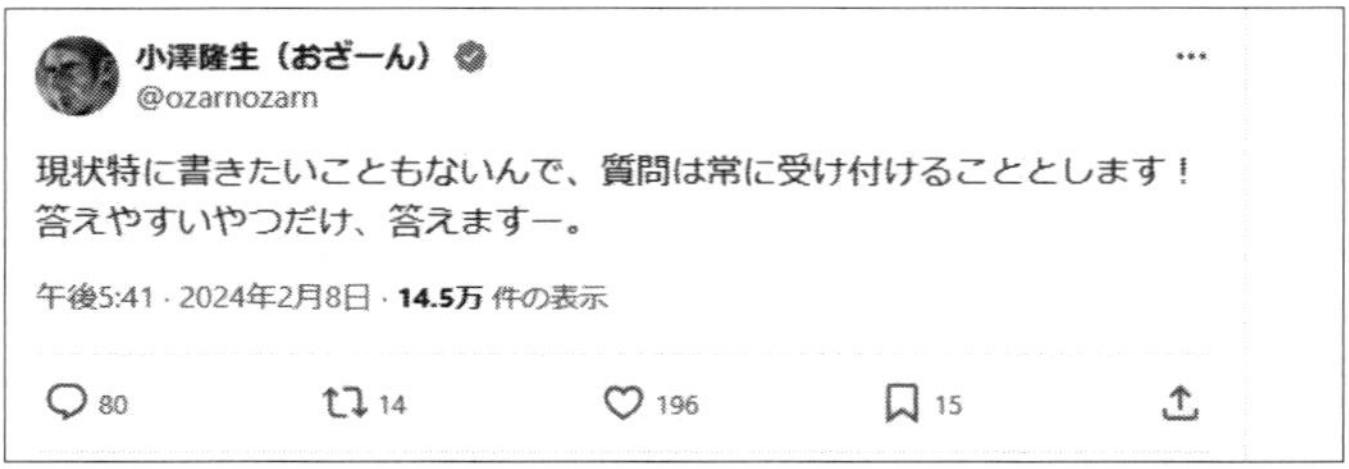
小澤隆生（おざーん）
@ozarnozarn
現状特に書きたいこともないんで、質問は常に受け付けることとします！
答えやすいやつだけ、答えますー。
午後5:41 · 2024年2月8日 · 14.5万 件の表示
80
14
196
15

小澤隆生さんの投稿

ツを出したときも、その人が感想を書いてくれるかもしれません。

・社名や自社の商品でエゴサーチをして、いいコメントを書いてくれている人に返信する。

また、**自分への質問を募集してみてもいいでしょう。**

ヤフー元社長の小澤隆生さんは、2024年の2月に本格的にXを始めましたが、まずやっていたのが質問の募集でした。すると起業や経営に関する質問が集まって盛り上がり、フォロワーも増えていきました。ここまで盛り上がるのは、小澤さんの知名度とキャラクターがあってのことなので難しいかもしれませんが、やってみる価値はあります。「Peing（質問箱）」や「マシュマロ」「mond」などのツールもあるので、質問を募集してみましょう。

ちなみに「抽選」や「ハッシュタグをつけて投稿するキャンペーン」といった施策はあまりオススメしていません。これらは一瞬フォロワーが増えるかもしれませんが、企業の発信としては本質的ではないからです。

リアルでも抽選やキャンペーンばかりやっているようなお店はあまり信頼できません。ずっと閉店セールをやっているのになかなか閉店しないお店もありますがなんだか怪しい。すでに信頼のあるお店が、たまに抽選会をやるからいいのです。SNSもそれと同じ。キャンペーンをやるにしても、そもそも信頼がないといけません。まずは普段からコミュニケーションをしっかり取って、信頼を獲得することが先です。

まわりに助けてもらう

これはXに限らず、ｎｏｔｅの運営にも使えるやり方ですが「巻き込み型・参加型」にして、読者も含めてみんなで盛り上げていくのも有効です。

特にインターネットの世界では、偉そうな物言いや上から下に「教えてあげる」といったスタンスは嫌われる傾向にあります。上意下達というよりも「シェア」の文化が強い。「こういう有益なことを聞いたから、みんなにシェアしますね」というようなスタンスのほうが受け入れられます。

そういう世界なので、コンテンツに困ったときも**「うちはコンテンツに困っています！」というコンテンツを出してしまうのも手です**。そこでネタを募集してしまえばいいわけです。「どういう話が聞きたいですか？」「どんなテーマだと読んでもらえますか？」とストレートに聞いてみてください。

すると、社内から「こういうものを発信してみたらどう？」という提案があるかもしれませんし、読者からアドバイスがもらえるかもしれません。そうやって「ああでもない、こうでもない」とやっていると「あれ？　あそこでなんか面白そうなことやってるぞ」という具合に、関係ない人が見に来てくれたりします。

Ｘやｎｏｔｅの発信で困ったら「一緒に盛り上げてください！」「助けてください！」「知恵を貸してください！」という発信をすると、手を差し伸べてくれる人が現れます。うまくいかないことをネタにして「全然フォロワーが増えません、何とかしてください」というｎｏｔｅを書くのもウケますし、弱者こそできる戦略です。

「会社側が作って一方的に流す」のではなく「みんなでｎｏｔｅを作っていく」というスタンスでいると、少しずつ輪ができて、盛り上がっていくはずです。

社内を巻き込んでいく

経営者のキャラクターや社風にもよりますが、社内の人に「フォロワーが増えなくて困ってるんだよね」と相談しても反応は薄そうです。よってまずは、外に向かって「フォロワーが増えなくて困っている」と発信してみましょう。それが社内に伝われば、応援してくれる人が現れるかもしれません。

Xでコンテンツを発信して、ひとつでも「面白いですね」といったコメントがついたらシェアやリポストをしましょう。「ためになりました」といった返信がきたら「ありがとうございます！」など一言でいいので反応しましょう。

そういうやり取りをしているうちに、アカウントが熱を帯びてきます。すると「何か面白いことがあるのかな」と社内の誰かが見つけてくれて、人が集まってきます。そうやって社内の人を巻き込んでいくことができます。

最初から社内の全員に振り向いてもらうのは難しいですし、発信に協力的な雰囲気であるとも限りません。コンテンツを積み重ねて、少しずつ外の反響が出てくると、だんだん盛り上がっていきます。

コミュニケーション自体が「価値」になる

Xやｎｏｔｅを通してコミュニケーションが生まれること自体、価値のあることです。社長が発信した言葉を受けて社員が反応する。返信が来たり、社内で話題になったりする。それは大きな価値です。

うちのクライアントからもよく「このあいだのｎｏｔｅを読んで、社員がこんなことを言ってくれたんですよ」とか「お客さんが見つけてくれて、ひさびさにメールをくださったんですよ」などと言っていただきます。

社長の発信が「正解」でなくてもいいのです。「社長はこう言ってるけど、はたして本当だろうか？」「うちってそっちを目指してるんだっけ？」といったことが議論になる。そうやって**コミュニケーションが生まれることの価値も高い**はずです。

対外的には「発信」に見えても、社内的にはそれが「新規事業のきっかけ」になったりもします。**発信の副次的効果として会社に刺激が生まれて「新しいことをやろう」という流れができていくこともある**でしょう。

Xなどでアウトプットしていると「発信することが少なくなってきたかもな……」ということが肌感でわかります。そのときに「ちょっとおもしろいことやってみようか」「新しいプロジェクトを動かそう」という動きにつながれば、それは発信以上の価値が出てきます。アウトプットするからこそ必然的にインプットを求めるようになる。こうなってくると「ただの発信」ではなく「アイデアのきっかけ」「イノベーションのきっかけ」にもなるはずです。

おわりに

経営者の言葉が溢れる世界に

経営者は、具体的に世界を変えうる存在である

先日、ある若いスタートアップの経営者にお会いしました。

彼は小さな頃から世界をより良くしたいと思っており、かつては政治家を目指していたそうです。そこで大学時代に政治家の秘書のインターンを経験したのですが、想定以上の世襲や既得権益の影響の大きさを目の当たりにし、「同じように地盤のない僕は、政治家としては世界を変えられない」と思ったそうです。

次に目指したのが経営者でした。「経営者こそが具体的に世界を良くすることができる存在だ」と考えたのです。彼はいくつかの会社でインターンの経験を積み、大学在学中に仲間と起業しました。大きな資金調達を行い、社員を増やしました。最初は苦労しました

が、提供するサービスも広がっていき、現在も会社は拡大中です。彼に言わせれば「まだまだこれから」という段階でしょうが、着実に世界を変えつつあります。

彼が言うように、経営者は「具体的に」世界を変えうる存在です。ビル・ゲイツ、スティーブ・ジョブズ、イーロン・マスク、松下幸之助、本田宗一郎、孫正義……あらゆる経営者が一歩ずつ、しかし着実に世界を変えてきました。

僕が経営者の言語化やコンテンツ化を仕事にしたいと考えている理由はここにあります。**経営者の言葉を多くの人に届けることで、世界が良くなるスピードを上げていきたい。少しでも世界を変えることの手助けをしたい。**そう思っているからです。

僕の目指す世界はこうです。

経営者がイキイキと自分の言葉で大いに自社の魅力やビジョンを語る。その言葉に引き寄せられて、お客さんや社員や投資家が集まってくる。経営者が夢を語り、それに共感した人が集まってきて、輪ができていく。その輪が大きくなっていき、世界がじわじわと良くなっていく。

どんな大きな会社であっても、創業時の「熱い思い」があるはずです。ぜひそれを伝えてほしいのです。「うちの事業はＡＩ関連です」ではなくて、「実はこんなことに困ってる人がいて、こういうサービスをやったら、すごく喜んでもらえたんです。だから、事業化しました」といった伝え方をしてほしい。法人主体の無味乾燥な情報発信ではなく、個人が主体となった血の通ったコンテンツを届けてほしい。そういった個人のピュアな思いには力があると思うのです。個人の顔が見える発信をすれば、そこに熱がこもります。すると読者に「これって本当なんだな!」「本気なんだな!」ということが伝わり、結果として企業活動もうまくいくと思うのです。だから経営者という存在が重要なのです。

顧問編集者を仕事にして5年が経ち、成果は出てきています。しかし、僕の目指す世界から比べたらまだまだです。偶然出会った仕事ではありますが、今では一生やっていきたい仕事になっています。引き続き地道に取り組んでいきたいと思っています。

(仲間になってくれる編集者も募集しています!)

閉塞感を打破するために必要なもの

経営者が大いに夢を語り、そこから輪が広がっていく——。

もしかしたら、それはいささか無邪気すぎる絵空事なのかもしれません。「会社の発信というのはもっと複雑なんだよ」「もっと広報戦略を立てて計画的にやっていかなきゃ」と言われるかもしれない。

ただ僭越ながら、**そういう無邪気さこそが今の時代に足りないのではないか**、とも思うのです。無邪気さ、ピュアさ。法人ではなく個人の、熱、思い。それが今の日本に乏しいから、もしくは届いていないから、この閉塞感から抜け出せないのではないか。

いま特に、若い人は嘘を嫌います。それっぽいものを嫌います。「本当っぽい嘘」とか「ただの綺麗ごと」も嫌われます。そういう時代だからこそ、素直に経営者の本音がわかるような発信に効果があると思っているのです。ぜひ人間性を出してほしい。これが今後の企業活動においてもすごく重要になってくるのではないかと思っています。

経営者にはまず大きな絵を描いてほしい。世界を良くするための絵です。絵にしたらそれを多くの人に伝えてください。きっとそこから現実は変わっていくはずです。

乃木坂のオフィスにて　竹村俊助

……と綺麗に書き終えたと思ったのですが「さて校了」という段階になって編集担当である市川さんから「あと4ページ空きがありますよ」という連絡が届きました。白紙で終えるのはもったいないので、最後の最後に経営者である「あなた」に対して手紙を書きたいと思います。

経営者であるあなたへの手紙

これは経営者であるあなたに対する手紙です。経営者であるあなたの心に直接届けています。改めまして、このたびは本書をお読みいただきありがとうございました。この5年間で得た知見をすべて注ぎ込んだつもりですがお役に立てたでしょうか？　また「経営者の言葉がきちんとまわりに届くことが、世界を変えるための具体的でもっともレバレッジの効く施策である」ということが少しでも伝わったのならうれしいです。現状はまだまだです。経営者自身が表に出て何か発言をすることは一般的ではありません。表に出るのはサイトの「代表メッセージ」や社員総会、株主総会での「挨拶」くらいだったりします。僕はそこを変えたいのです。今は多くの人に言葉を届けるためのツールがたくさんあります。

それらを使って多くの人に届けることは「経営の本質」ですらあると思っています。「経営者がSNSをやる」と聞くと遊んでいるような響きがあるかもしれません。しかしSNSはただのツールであり使い方次第です。経営者によるコンテンツ発信は、うまくやれば広告や広報のあり方も変えていくはずです。これまでは大手代理店や制作会社に莫大な予算を預けてブランディングやキャンペーンなどを行ってきたと思います。しかしそれらは本当に効果があったでしょうか？　派手な街頭広告、電車広告、テレビCM、タレントを起用したイベント、うねうね動くウェブサイト、エモくてカッコいい動画……もちろんそれは一時的には効果があったかもしれません。一瞬の盛り上がりは出せたでしょう。しかし、あるべき経営の大きな流れに沿って有機的に機能したでしょうか？　経営全体に寄与したでしょうか？　もしそれらの施策の「前」にまずは経営者がきちっと言語化し、それが届いていたら、もっと成果が出たのではないでしょうか？　もしくは莫大な予算を使わなくても目的を達成することができたかもしれません。まずは思考を言語化し、企業としての方向性を示すこと。それはその他あらゆる施策の効果を何倍にもしてくれます。それっぽい広告、それっぽいコピー、それっぽいキャンペーン。そんなものでは誰の心にも届かない時代です。ぜひあなたの言葉を聞かせてほしいのです（ちょっと批判的に書いてしまいましたが、これまでの施策が無駄だと言っているわけではありません。まずは経営者の思いが届かないことにはあらゆる営みが骨抜きになってしまうのではないかと言いたいのです。もしここを代理店の方が見られていたら、ぜひ御社の施策に「経営者の発信」を取り入れてほしいと思います)。また、経営者の発信は採用も変えるはずです。これまでは採用エージェントに料金を払って、とにかく人を集めてきたかもしれません。しかし会社の源流はたった一人の「これをやろう!」という思いです。その思いに共感した人が集まってきて会社は大きくなってきた。その共感を広げていくことで多くの人が集まってくるのが本来のあり方です。「サステナブルな社会を創造する」とか「デジタルの実装で社会を豊かにする」といった無機質な言葉ではなく、あなた自身の情熱を、パッションを届けてみてください。「私はこんな人間です。こんなことがやりたいんです!」と「僕にはこんな経験があります。だから、これをぜひ成し遂げたいのです!」と。そうすることで自然と人は集まってくるはずですし、もしかしたら採用にそこまでのコストをかけなくてもよくなるかもしれません。御社の大切な予算が適切に使われますように。そして、予算をかけた分だけのリターンがきちんとありますように。そう願っています。さて、発信のコツは情報ではなくコンテンツを発信することだと述べてきました。コンテンツ制作をする上で大切なマインドは「自社の事業を紹介したい」

「自社の魅力を知ってほしい」という思いをいったん脇に置いておいて「コンテンツを発信することで、どのように多くの人の役に立つことができるか？」「どのように読者を楽しませることができるか？」ということです。言わば利他的であること。それはあらゆるビジネスの構図と同じかもしれません。そして、客観性も重要です。ただ、自分のことを客観視してコンテンツをつくるというのはなかなか難しいもの。どうしても主観が勝ってしまうからです。そういうときは、できれば社外の誰かに手伝ってもらうことをおすすめします。村上春樹にさえ出版社の編集者がついていますし、大統領にだってプロのスピーチライターがついています。御社にも専属の編集者をつけてみるというのはどうでしょうか？　突然営業をしますが、もし言語化やコンテンツ化にお困りの際は「株式会社ＷＯＲＤＳ」で検索していただきお問い合わせください。最後に。人生は一度きりです。ならばなるべく面白いほうがいい。僕はそう思っています。経営者の言葉がまわりに届くと、まわりのテンションも上がります。まわりの人の仕事も面白くなっていきます。仕事が面白くなれば人生も面白くなるはずです。ニュースを見ると異常気象に国際紛争……暗い話題は尽きませんが、僕らは自ら世界を面白くすることができるのです。経営者が声を大きくしていくことは世界を面白くする近道だと思うのです。

巻末付録

棚卸しのための100の質問

情報発信の準備として、まず経営者の人生を「棚卸し」してみましょう。
100のベーシックな質問に答えながら、発信の戦略を立てていきましょう。

1 誕生と子ども時代

1 何年生まれですか？

2 どちらのご出身ですか？

3 父親はどんな人ですか？

4 母親はどんな人ですか？

5 きょうだい構成は？

6 きょうだいはどんな人ですか？

7 どんな子どもでしたか？

8 友だちは多い方でしたか？

9 大きな病気や怪我の経験は？

10 どんな教育を受けましたか？

2 学生時代

1 小学校の思い出は？
2 中学校の思い出は？
3 高校の思い出は？
4 大学の思い出は？
5 勉強はできましたか？
6 受験の思い出は？
7 思い出の先生はいますか？
8 恋愛の思い出は？
9 部活はしていましたか？
10 家では何をしていましたか？

3 就活・就職

1 好きな音楽は？
2 好きな本は？
3 好きな映画は？
4 将来の夢の変遷は？

5 憧れの人はいましたか？

6 就活は苦労しましたか？

7 行きたい業界はありましたか？

8 旅はしましたか？

9 趣味はありましたか？

10 長所・短所はどう答えていましたか？

4 新卒・会社員時代

1 会社員1年目は充実していましたか？

2 希望の部署に配属されましたか？

3 印象的な同期、先輩、上司はいましたか？

4 仕事はできましたか？

5 仕事は好きでしたか？

6 印象的なプロジェクトは？

7 いちばんの成功体験は？

8 いちばんの失敗体験は？

9 休日は何をしていましたか？

10 ワーカホリックでしたか？

5 独立・起業

1 会社を辞めた日を覚えていますか？

2 会社を辞めたきっかけは？

3 反対はされましたか？

4 ひとりで独立したのですか？

5 会社を設立した日はどんな日でしたか？

6 本社はどこでしたか？どんな部屋でしたか？

7 不安や恐怖はありましたか？

8 独立していちばん思ったことは何ですか？

9 起業後、1～2年はどうでしたか？

10 どれくらいで軌道に乗りましたか？

6 失敗と成功

1 起業後、いちばんの失敗は？

2 起業後、いちばんの成功は？

3 いちばん感謝している人は？

4 悔しい思いはしましたか？

5 失敗からどう復活しましたか？

6 起業後、いちばん苦労したことは何ですか？

7 成功の要因は何ですか？

8 うまくいく人、いかない人の違いは何だと思いますか？

9 失敗をどう捉えていますか？

10 よく悩みますか？どう解消していますか？

7 経営論・仕事術

1 仕事とはどういう存在ですか？

2 なぜ働くのですか？

3 目標とする経営者はいますか？

4 どんな毎日を過ごしていますか？

5 経営者になってから勉強はしていますか？

6 読書はしますか？どんな本を読みますか？

7 メモ、ノート、手帳の使い方は？

8 アイデアはどう生み出しますか？

9 リーダー・経営者として大切にしていることは何ですか？

10 人材育成のポイントは？

8 価値観

1 お金とはどういう存在ですか？

2 親からお金の教育を受けましたか？

3 お金と時間、どちらが大切ですか？

4 お金持ちは他の人とどこが違うと思いますか？

5 会社とはどういう存在ですか？

6 投資はされていますか？

7 今後働き方はどう変わると思いますか？

8 なぜいまの事業をやっているのですか？

9 好きなことを仕事にすべきですか？

10 生きる意味をどう捉えていますか？

9 メンタル・人間関係

1 いま不安はありますか?
2 不安をどう解消していますか?
3 決断は早いほうですか?
4 嫉妬することはありますか?
5 プライドが邪魔をすることはありますか?
6 人間関係で気をつけていることは?
7 交友関係はどう築かれていますか?
8 社内の交流はどうですか?
9 許せないことはありますか?
10 幸せだなと思う瞬間はいつですか?

10 夢とビジョン

1 現時点で後悔していることはありますか?
2 死ぬまでにやりたいことはありますか?
3 今後の人生設計は?
4 10年後、会社はどうなっていますか?

5 どういう世界を実現したいですか？

6 未来はどう予測していますか？

7 日本と世界はどうなると思いますか？

8 行ってみたい国はありますか？

9 若い人へのアドバイスはありますか？

10 過去の自分は今の自分をどう思うと思いますか？

参考文献／参考資料

LinkedIn

What I learned in 5 years as CEO of a public company
—— Yasukane Matsumoto

参考文献

・大治朋子『人を動かすナラティブ』毎日新聞出版/2023年
・山口周『ビジネスの未来』プレジデント社/2020年
・ブルース・バートン(著)、小林保彦(訳)『イエスの広告術』有斐閣/1984年
・ジョナサン・ゴットシャル(著)、月谷真紀(訳)『ストーリーが世界を滅ぼす』東洋経済新報社/2022年
・瀧本哲史『2020年6月30日にまたここで会おう』星海社/2020年
・陳潤(著)、永井麻生子(訳)『シャオミ 世界最速1兆円IT企業の戦略』ディスカヴァー・トゥエンティワン/2015年
・ジェフ・ベゾス、ウォルター・アイザックソン他『Invent & Wander ——ジェフ・ベゾス Collected Writings』ダイヤモンド社/2021年
・山口周、中川淳『ビジョンとともに働くということ』祥伝社/2022年
・ジム・コリンズ(著)、山岡洋一(訳)『ビジョナリー・カンパニー』日経BP社/1995年
・藤田晋『渋谷ではたらく社長の告白』アメーバブックス/2005年
・入山章栄『世界標準の経営理論』ダイヤモンド社/2019年

参考資料

・日経クロストレンド
「水野学氏、企業と共創するために『問診』のような取材を繰り返す」
・日本経済新聞「スノーピーク純利益99.9%減23年12月期、キャンプ苦戦」
・坂井直樹のデザインの深読み
「ワイデン&ケネディのジョン・ジェイはブランディングの秘訣は『真実を告げること』と語る。」

note

僕が「NOT A HOTEL」を始めた本当の理由
──── Shinji Hamauzu

コロナショックを経て、いますべての経営者にどうしても伝えたいこと
──── 安藤広大／株式会社識学 代表取締役社長

まわりの社長がスゴすぎて正直、吐きそう
──── Yukiharu Matsuo / 松尾幸治

永遠のベンチャー「UUUM」創業物語
──── 鎌田和樹

36歳で印刷会社の社長になった僕が、減り続ける売上をなんとか立て直した話
──── 工藤太一／印刷会社二代目／ glassy 株式会社代表取締役

創業時の事業を失った会社が、3000億円級ビジネスの支援で復活できた話
──── 三宅孝之

僕たちは「世界をもっと楽しくする会社」を目指すことにした。
──── Shinji Hamauzu

バスケでプロになるはずが、気づけば腹痛でトイレにこもる会社員になっていた
──── 平地大樹(ひらちたいじゅ)／プラスクラス代表取締役

売上360億円の上場企業は、父が売った「1台の車」から始まった
──── 藤崎慎一郎／株式会社オークネット 代表取締役社長

僕はインスタやFacebookがそろそろ終わると思っている
──── 国光宏尚(Hiro Kunimitsu)

高卒の元バンドマンがバイトをめちゃくちゃがんばってたら、社長になってた話
──── 中屋祐輔／ドットボタンカンパニー代表取締役

「心理的安全性」をバリューに掲げたけど、ほぼ効果がなかった話
──── 藤田雄一郎

2時間かけてスケジュールを立てれば、勉強も仕事もうまくいく
──── 三宅孝之

竹村俊助（たけむら・しゅんすけ）

株式会社WORDS代表取締役。経営者の言語化・コンテンツ化をサポートする顧問編集者。これまでに識学、オークネット、ドリームインキュベータなどの上場企業からNOT A HOTELなどのスタートアップ企業まで、30社近くの経営者の発信をサポート。日本実業出版社、ダイヤモンド社等を経て2018年に独立。編集・ライティングを担当した書籍に『佐藤可士和の打ち合わせ』（佐藤可士和）、『福岡市を経営する』（高島宗一郎）、『リーダーの仮面』（安藤広大）などがある。著書に『書くのがしんどい』（PHP研究所）がある。

Xのアカウント：https://x.com/tshun423

社長の言葉はなぜ届かないのか？
経営者のための情報発信入門

2024年10月23日　初版発行

著　者　竹村俊助
発行者　野村直克
発行所　総合法令出版株式会社
〒103-0001 東京都中央区日本橋小伝馬町15-18
EDGE小伝馬町ビル9階
電話　03-5623-5121
印刷・製本　中央精版印刷株式会社

落丁・乱丁本はお取替えいたします。

ISBN 978-4-86280-963-6
総合法令出版ホームページ　http://www.horei.com/